RISTI
SÕNUM

RISTI
SÕNUM

Dr. Jaerock Lee

URIM
BOOKS

Risti Sõnum, Dr. Jaerock Lee
Kirjastaja Urim Books
235-3 Guro-Dong 3, Guro-Gu, Sõul, Korea
www.urimbooks.com

(Piiblitsitaadid: Piibel, Tallinn, 1997 – Eesti Piibliseltsi väljaanne)
Palun pange tähele, et teatud asesõnad Piibli kirjakohtades on kirjutatud suurte algustähtedega, et tähistada Isa, Poega ja Püha Vaimu ning see võib erineda Piibli kirjastajate kasutatavast tavast.

Autoriõigus © 2010 kuulub Dr. Jaerock Lee'le
ISBN: 978-89-7557-384-2 (03230)
Tõlkimine Autoriõigus © 2010 kuulub Dr. Esther K. Chung. Kasutatud loa alusel.

Viimati kirjastatud korea keeles, kirjastajaks Urim Books, Sõul, Korea 2002. a.

Esimest korda kirjastatud 2010. a.

Toimetaja: Dr. Geumsun Vin
Tõlkija: Tiina Wilder
Kujundaja: Editorial Bureau of Urim Books
Kirjastaja: Yewon Printing Company
Lisateabeks võtke ühendust aadressil: urimbook@hotmail.com

EESSÕNA

Soovin Sulle Jumala südame ja Tema suure armastuse plaani mõistmist, et Sinu usule saaks kindel alus rajatud.

Risti Sõnum on alates 1986. aastast juhtinud arvutu hulga inimesi pääste teele ja näidanud lugematuid Püha Vaimu tegusid paljude meretaguste kristlike koosolekute käigus. Viimaks õnnistas Isa Jumal mind, et ma võiksin selle raamatu kirjastada. Ma tänan Teda ja annan Temale kogu au!

Paljud ütlevad, et nad usuvad Loojat Jumalat ja tunnevad Tema Poja Jeesuse Kristuse armastust, kuid ei suuda evangeeliumi julgusega kuulutada. Tegelikult mõistavad üksnes vähesed kristlased Jumala südant ja ettenägelikkust. Veel enam, mõned kristlased on Jumalast eraldatud, kuna nad ei ole saanud selgeid vastuseid paljudele Piiblis näidatud küsimustele ega mõistnud Jumala armastuse saaduslikku ettenägevust.

Näiteks, mida te ütleksite kui teilt küsitaks kolm järgmist küsimust: „Miks pani Jumal aeda hea ja kurja tundmise puu ja lasi inimesel sellest süüa?" „Miks tegi Jumal põrgu, isegi kui Ta tõi oma Poja Jeesus Kristuse patuste eest ohvriks?" ja „Miks on

Jeesus ainus Päästja?"

Ma ei suutnud oma kristliku elu esimeste aastate jooksul
mõista Jumala sügavat ettenägelikkust loomisel ja Tema
saladuslikku risti peidetud ettenägevust. Pärast seda kui mind
kutsuti evangeeliumi kuulutajaks, hakkasin ma eneselt küsima:
„Kuidas võin ma juhtida loendamatul arvul inimesi päästmise
teele ja austada Jumalat?" Ma taipasin, et ma peaksin Jumala
tõlgendamisel saama aru kõikidest Piibli sõnadest, kaasa arvatud
lõigud, mida oli raske mõista ja kuulutama seda kõikjal
maailmas. Ma paastusin nii palju kui ma sain ja palvetasin selle
eest. Seitse aastat möödus, enne kui Jumal hakkas seda kõike
ilmutama.

1985. aastal, kui ma palvetasin tuliselt, sain ma täidetud Püha
Vaimuga. Ta hakkas tõlgendama Jumala senini varjul olnud
salajast ettenägelikkust. See oli „Risti Sõnum." Ma jutlustasin
seda 21 nädalat iga pühapäeva hommikusel koosolekul. „Risti
sõnumi" kassetilindid on mõjutanud arvukaid inimesi
riigisiseselt ja piiri taga. Mil iganes Risti sõnumit kuulutati,
töötas Püha Vaim nagu leegitsev tuli. Paljud parandasid oma
pattudest meelt ja said oma tõbedest ja haigustest terveks. Nad
heitsid ära oma kahtlused Jumala ettenägelikkuse suhtes ja said
tõese usu ja igavese elu. Senini ei tundnud nad Jumalat ja Tema
sügavat armastust samapalju. Nad hakkasid mõistma Jumala
plaani, kohtusid Temaga ja said selle sõnumi kaudu igavese elu
lootuse.

Kui te mõistate selgelt, miks Jumal seadis Eedeni aeda hea ja
kurja tundmise puu, saate te aru Tema ettenägevusest inimese

kasvatamisel ja armastate Jumalat veel siiramalt. Lisaks, kui te teate oma elu tõelist eesmärki, suudate te võidelda oma pattude vastu kuni vere valamiseni. Püüdke anda oma parim, et oleksite Isanda Jeesuse Kristuse südame sarnane ja Jumalale ustav surmani.

Risti Sõnum näitab teile Jumala salajast risti peidetud ettenägelikkust ja aitab Teil panna kindla aluse tõesele ja heale kristlikule elule. Seega, igaüks, kes loeb seda raamatut, võib mõista Jumala põhjatut ettenägevust ja armastust, olla tõelise usuga ja rajada ja elada kristlikku elu, mis on Temale meeltmööda.

Ma tänan südamest toimetusbüroo direktorit ja töötajaid nende vaeva eest selle töö kirjastamisel. Suur tänu ka tõlkebüroole.

Las inimhulgad mõista Jumala sügavat hoolt, kohata Jumala armastust ja saada päästetud tõeliste Jumala lastena – ma palun kõike seda Isanda Jeesuse Kristuse nimel!

Jaerock Lee

SISSEJUHATUS

Risti Sõnum on Jumala tarkus ja vägi ja võimas sõnum, mida iga maailma kristlane peaks kalliks pidama!

Ma annan kogu tänu ja au Isa Jumalale, kes on juhatanud meid Risti sõnumit välja andma. Nii paljud Manmini liikmed kogu maailmas on oodanud selle väljaandmist. See raamat annab selged vastused paljudele küsimustele, mille üle paljud kristlased on pead murdnud: „Missugune oli Looja Jumal enne algust?" „Miks Jumal lõi inimese ja lasi tal maa peal elada?" „Miks Jumal pani hea ja kurja tundmise puu Eedeni aeda?" „Miks Jumal saatis oma ainsa Poja lepitusohvriks?" „Miks Jumal plaanis kindlustada pääste robustse puuristi kaudu?" ja paljudele muudele küsimustele peale selle.

See raamat koosneb Dr. Jaerock Lee jutlustatud vaimu täis sõnumitest ja annab teadmisi ja arusaamist Jumala sügava, laia ja suure armastuse kohta.

1. peatükk „Looja Jumal ja Piibel" tutvustab teile Jumalat ja

seda, kuidas Ta teie keskel töötab. Sellest peatükist leiate tõendeid elava Jumala kohta ja saate arusaama Piibli tõesuse kohta inimkonna ajaloo valguses. Sellele lisaks tõendatakse, et evolutsiooniteooria on väär ja Jumala looming on tõene.

2. peatükis „Jumal loob ja harib inimest" tunnistatakse, et Jumal lõi kõik asjad universumis ja tegi inimese oma kuju järele. Lisaks õpetatakse selles peatükis inimelu tõelist tähendust ja Tema eesmärki inimolendite kasvatamisel oma tõelisteks vaimseteks lasteks.

3. peatükis „Hea ja kurja tundmise puu," antakse vastused kõigi kristlaste põhiküsimusele: Miks pani Jumal aeda hea ja kurja tundmise puu? See peatükk selgitab üksikasjalikult põhjuseid ning aitab teil mõista inimolendeid maa peal hariva Jumala sügava armastuse ja saladusliku hoolivuse põhjust.

4. peatükk „Enne aegade algust varjulolnud saladus" selgitab maa lunastamise seaduse ja inimliku pääsemise vaimse seaduse vahelist suhet (3. Moosese raamat 25. ptk). See selgitab ka, et kõik inimesed pidid patu tõttu surma teed minema, kuid Jumal valmistas enne aja algust nende pääsemiseks imelise tee. Lõpuks õpetab see, miks Jumal peitis inimese pääsemise tee oma valitud ajani ja kuidas Jeesus kvalifitseerub maa päästmise seaduse tingimuste jaoks.

5. peatükk „Miks on Jeesus meie ainus Päästja?" selgitab, kuidas Jumala plaan inimese pääsemiseks, mis oli varjul aegade

algusest alates, sai teoks Jeesuse kaudu, Tema ristilöömise põhjusest, õnnistustest ja Jumala laste õigustest, nime „Jeesus Kristus" tähendusest, põhjusest, miks Jumalal ei olnud taeva all teist nime peale Jeesuse Kristuse, kelle kaudu inimesed oleksid saanud päästetud ja nii edasi. Te tunnete Jumala mõõtmatut armastust, kui te mõistate selles peatükis kirjeldatud sõnumi vaimset tähendust.

6. peatükis, „Risti ettehoole," antakse teile arusaam Jeesuse kannatuste sügavast tähendusest. Miks sündis Jeesus loomaaedikus ja pandi sõime, kui Ta oli tõesti Jumala Poeg? Miks oli Ta kogu oma elu jooksul vaene? Miks piitsutati kogu Tema ihu, Teda krooniti okaskrooniga ja naelutati jalust ja kätest? Miks kannatas Ta valu kuni oma vere ja vee valamiseni?

Selles peatükis antakse niisugustele küsimustele täpsed vastused ja teil aidatakse mõista Tema kannatuse vaimset tähendust. Igasugused tõved ja haigused ning probleemid nagu vaesus, perekondlikud vastuolud, ärilised raskused ja nii edasi leiavad lahenduse teie arusaama ja usu läbi Jeesuse kannatuste vaimsest tähendusest. See peatükk aitab tunda nii sügavat Jumala armastust, kaotada igasugune kurjus ja saada osa jumalikust loomust.

7. peatükis, „Jeesuse viimased seitse sõnumit ristil," selgitab Jeesuse viimase ristil öeldud surmaeelse seitsme sõnumi vaimset tähendust. Viimase seitsme ristil öeldud sõnumi kaudu täitis Ta oma Jumala Isa käest saadud ülesande. Selles peatükis toonitatakse, et te peaksite mõistma Jeesuse suurt armastust

inimkonna vastu, ootama Tema teist tulemist ja võitlema head usuvõitlust kuni otsani, oodates ülestõusmist.

8. peatükis, „Tõeline usk ja igavene elu," räägitakse teile, et me saame üheks oma Peigmehe Jeesuse Kristusega vaid tõelise usu kaudu. Piibel hoiatab, et on neid, kes ütlevad, et nad usuvad Päästjat Jeesus Kristust, kuid ei saa Kohtupäeval päästetud. Piiblis ei peeta igavese pääste saamiseks tähtsaks üksnes Jeesus Kristuse vastuvõtmist, vaid ka Inimese Poja liha söömist ja Tema vere joomist. Teil võib olla tõeline usk kui te sööte Tema liha ja joote Tema verd, mis viib teid pääsemise teele. Selles peatükis õpetatakse ka tõelise usu loomuse kohta, kuidas seda saada ja mida te peaksite tegema, et täit päästet saavutada.

9. peatükis, „Veest ja Vaimust sündimine," mainitakse esiteks Jeesuse ja Nikodeemuse vahelist dialoogi. See mõttevahetus lõpetab Risti sõnumi. Teie süda peab saama pidevalt uuendatud vee ja Püha Vaimu kaudu, kuni Jeesus Kristus naaseb ja te peate hoidma kogu oma vaimu, hinge ja ihu laitmatu Isanda Jeesuse Kristuse Teise Tuleku ajani, siis kui Isand võtab teid oma ilusa pruudina vastu.

10. peatükis, „Mis on ketserlus?" tungitakse ketserluse loomusesse ja arutletakse negatiivse ja vale arusaama üle, mis paljudel kristlastel ketserlusest on. Tänapäeval võtavad paljud ettevaatamatult Jumala vägevaid tegusid ekslikult ketserliku või valena või laidavad neid selletõttu, kuna nad ei tunne piibellikku ketserluse määratlust. Selles peatükis hoiatatakse, et te ei tohiks

Püha Vaimu tegusid pidada ketserlikeks ega neid hukka mõista ja selgitatakse, kuidas te peaksite tegema vahet Tõe vaimul ja eksituse vaimul ja räägitakse mõnede ketserlike usuliikumiste kohta. Lõpuks rõhutatakse selles peatükis, et tuleks pidevalt valvata ja palves olla ja püsida tões, et mitte langeda eksituse vaimu küüsi.

Apostel Paulus ütles 1. Korintlastele 1:18 risti sõnumi ehk Jumala tarkuse kohta: *„Sest sõna ristist on narrus neile, kes hukkuvad, aga meile, kes päästetakse, on see Jumala vägi."* Igaüks, kes mõistab risti varjul olevat saladust ja kes saab aru Jumala suure armastuse põhjatust ettenägelikkusest inimkonna vastu, võib olla tõese usuga, kohtuda elava Jumalaga ja nautida kristliku elu täiust.

Risti Sõnum on sinu elu põhiõpetus. Seetõttu ma palun Isanda nimel, et te kristliku elu alus võiks saada rajatud ja te võiksite saada täie pääste ja igavese elu.

Geumsun Vin
Toimetusbüroo direktor

SISUKORD

Peatükk 3 _ Hea ja kurja tundmise puu • 47

Peatükk 4 _ Enne aegade algust varjulolnud saladus • 69

Peatükk 1

LOOJA JUMAL JA PIIBEL

- Evolutsiooniteooria eksiarvamus
- Jumal on Looja
- Ma olen see, kes MA OLEN
- Jumal on kõiketeadev ja kõikvõimas
- Jumal on Piibli autor
- Iga Piibli Sõna on tõene

Alguses lõi Jumal taeva ja maa.

1. Moosese 1:1

Inimolendite või üldise päritolu teooriad on siiani põhjustanud palju vastuolusid ja erinevaid vaateid. Kuid nad liigituvad tavaliselt ühte kahest kategooriast: loomine ja evolutsioon.

Ühelt poolt väidab kreatsionism, et Jumal kavandas ja lõi universumi ja kõik asjad oma tarkusega. Kõigil, kes usuvad kreatsionismi, on Jumala keskne perspektiiv ja nad usuvad, et Jumala käes on elu ja surm, inimkonna õnn ja ebaõnn ja Ta täidab oma sõna, mis on Piiblisse kirja pandud. Seega elavad nad Jumala Sõna kohaselt, lootuses saada taevariiki.

Teiselt poolt rõhutavad evolutsiooniteooria poolehoidjad, et igasugused elavolendid moodustusid iseeneslikult elututest objektidest ja arenesid lihtsatest olenditest keerukamateks. Lisaks väidavad evolutsionistid, et üks liik arenes arvukateks muudeks liikideks. Nad usuvad, et elu päritolu oli juhuslik. Seega nad ei tunnista Jumalat Loojana ja neil ei ole taevariigi lootust. Loomulikult on neil inimkeskne perspektiiv ja maised elueesmärgid.

Kuna nad peavad kõik oma probleemid ise lahendama, usaldamata Loojat Jumalat, elavad nad alati mures toidu, riiete ja sarnase pärast. Pealegi, selle asemel, et tunda ülimat rõõmu oma surelikust elust, otsivad nad meeleheitlikult ja alatasa midagi oma üksilduse ja tühjuse täiteks. Kuid miski siin maailmas ei suuda neid tõeliselt rõõmustada. Lõpuks saab neist peotäis põrmu. Kui tühine on niisugune eluring!

Need kaks vastandlikku teooriat mõjutavad elu eesmärki ja tähendust ja lõpuks saab neist kriitiline näitaja kas igavese elu või igavese surma kasuks otsuse langetamisel. Sel põhjusel on vaja selget ja õiget arusaamist.

Evolutsiooniteooria eksiarvamus

Tänapäeval leiame me, et teaduse progress kummutab evolutsiooni. Tegelikult on palju raskem uskuda evolutsiooni kui loomist. Kui evolutsiooniteooriasse teaduslikult tungida, on universumi ja kõigi asjade pikaajalise arengu tõenäosus vähem kui üks sajale miljardile.

Evolutsionism rajaneb kinnitamata hüpoteesidele

Evolutsionistide kohaselt moodustas algse universumi Suur Pauk. Nende väitel arenes vesinik maal ja päikesesüsteemis. Maapealne vesi tekkis maasisese happe ja maapealse leelise neutraliseerumise teel. Nad esitasid hüpoteesi, et vesi uhtus mineraalid ja soola mitmesaja miljoni aasta jooksul ära ja moodustas mered. Merest tuli peaaegu iseeneslikult esile elusorganism.

Evolutsioon põhines Charles Darwini esialgsel eeldusel, millele ta tuli oma 1831. aastal alanud ja viis aastat kestnud merereisi ajal *H.M.S. Beagle* laeva pardal. Oma reisi ajal jälgis ta taimi ja loomi ja eeldas siis, et kõik maailma taimed ja loomad arenesid alamatest eluvormidest kõrgemateks, ühest liigist erinevateks ja inimene arenes ahvidest..

Darwin esitas oma raamatus *The Origin of Species* (Liikide päritolu) hüpoteesi, et elavad asjad olid iseeneslikult elututest arenenud. See hüpotees ei ole kinnitatud fakt, vaid lihtsalt ajutine teooria. Kas te suudate uskuda, et evolutsiooniõpetuse aluseks on vaid see hüpotees?

Fossiilid lükkavad evolutsiooni ümber

Ka fossiilidest võib näha evolutsiooni eksijäreldust. Kuna fossiilid on kiire maakoore liikumise tõttu setete alla maetud, tähistavad nad elusorganismide säilunud surnukehasid või maiseid jälgi. Üldiselt arvatakse, et fossiilid on evolutsiooni toetavaks tõendiks, ent see ei vasta tõele.

Selle asemel tõestavad fossiilid, et kõik elusorganismid loodi vastavate liikide alusel. Senini avastatud fossiilide vaatlemisel võib näha fakti, et eri liikide vahel on ilmsed erinevused ja vahepealseid fossiilivorme ei ole kunagi leitud.

Samuti on tõendatud, et fossiilid, mis oletuste alusel toetasid inimeste ahvidest arenemise hüpoteesi, kuuluvad kas inimestele või ahvidele, ent mitte vahepealsetele loomadele.

Näiteks inimkehast pärinevat lõualuud ja kolju osa, mis avastati 1912. aastal Piltdowni lähedal, Inglismaal, hindasid eksperdid vähemalt 500 000 aasta vanuseks. Neid peeti vahepealseteks eluvormideks, mis näitasid inimese evolutsiooni astmelist protsessi.

Kuid hoolikad uurimised ja katsed paljastasid, et inimkolju ja ahvi lõualuu olid segi aetud ja need olid vaid mõne tuhande aasta vanused. Sealjuures tõendati, et rauda sisaldavat lahust kasutati luude värvimiseks ja neid oli palju suuremale vanusele vihjamiseks viilitud. Maailmatuntud teadlased leidsid, et tegu oli võltsinguga; mõned inimesed kombineerisid ahvi ja inimolendi luid, et anda neile ahvinimese sarnane väljanägemine.

Isegi evolutsiooniteadlased eitavad evolutsiooni reaalsust

1980. aasta rahvusvahelisel evolutsiooniteemalisel konverentsil Chicagos, USA-s, salgasid isegi evolutsiooniteadlased irooniliselt Darwini evolutsiooniteooriat. Nad korrigeerisid oma teooriat ulatuslikult ja möönsid, et ühest liigist teise arenemise teooriat ei võinud olemas olla.

Evolutsiooniteooria, kuigi see on ekslik, on toonud inimkonnale nii palju viletsust, kuna see sai kommunismi ja ateismi aluseks. Roomlastele 1:25 kirjutatakse: *„Nad on Jumala tõe vahetanud vale vastu ning austanud ja teeninud loodut Looja asemel, kes olgu kiidetud igavesti. Aamen."* Selle salmi väljenduse kohaselt olid paljude inimeste väärtused nii moondunud, et nad hakkasid salgama Loojat Jumalat.

Seetõttu eirasid materialistlikul evolutsiooniteoorial põhinev kommunism ja ateism inimväärikust ja pidasid inimelu üürikeseks ning viisid paljud inimesed terrorisse, vaesusesse ja surma.

Jumal on Looja

Tänases maailmas on arvukaid raamatuid, kuid ükski teine raamat peale Piibli ei anna üksikasjalikke ja selgeid vastuseid universumi päritolu ja loomise kohta ning inimsoo alguse ja lõpu kohta.

Piibel annab selge vastuse universumi ja elu päritolu küsimusele. 1. Moosese raamatus 1:1 öeldakse: *„Alguses lõi Jumal taeva ja maa"* ja Heebrealastele 11:3 on kirjas: *„Usus me mõistame, et maailmad on valmistatud Jumala Sõna läbi, nii et nägematust on sündinud nähtav."*

Kogu nähtav ei tehtnud millestki, mis oli juba olemas. See loodi „eimillestki" Jumala käsu läbi.

Inimene võib teha midagi millestki juba olemasolevast, nimelt millegi loomiseks juba olemasolevate materjalide muutmise või kombineerimise teel, kuid ta ei saa midagi eimiskist valmistada.

On kujuteldamatu, et inimene suudaks elusorganismi luua. Isegi kui ta töötas välja teadusliku tehnoloogia, mis oli piisav kunstintellektiga arvutite või kloonitud lambaste loomiseks, ei saa inimene mitte millestki isegi amööbi luua.

Järelikult inimesed lihtsalt eraldavad elusorganisme Jumala antud asjadest ja kombineerivad neid eri viisidel. Te peate teadma, et selle taga ei ole mitte midagi muud.

Seega peaksite te teadma, et vaid Jumal suudab midagi mitte millestki luua. Ainult Looja Jumal lõi oma käsuga universumi ja Tema kontrollib kogu universumit, maailma ajalugu, elu ja surma ja inimkonna õnnistusi ja needusi.

Tõend, mis paneb Sind Loojat Jumalat uskuma

Kõik - maja, laud või isegi sõrmeküüs on kellegi tehtud. On ilmselge, et tohutul universumil peab olema kavandaja. Peab olema omanik, kes selle lõi ja kes seda valitseb. See on Looja Jumal, kellest Piiblis korduvalt räägitakse.

Ümberringi vaadates on näha rikkalikult tõendeid loomise kohta. Lihtne näide: vaadake kui määratult palju inimesi elab maa peal. Hoolimata rassist, vanusest, soost, ühiskondlikust seisundist ja muust taolisest, on igaühel kaks silma, kaks kõrva, üks nina kahe ninasõõrmega ja üks suu.

Isegi kui iga loom on veidi erinev, vastavalt oma liigile, on sellel samad näojooned. Näiteks elevandil on pikk nina (lont), kuid see asetseb tema näo keskel, suu kohal. See ei ole tema silmade kohal, suu all ega pea peal. Igal elevandil on kaks ninasõõret, kaks silma, kaks kõrva ja üks suu. Kõigil taevas lendavatel lindudel ja kõigil ookeani- või jõekaladel on samasugune struktuur.

Lisaks sellele, et igal loomal on sama näostruktuur, on ka iga imetaja seede- ja paljunemissüsteemid identsed. Samamoodi sööb igaüks neist toitu suuga ja igasugune suhupandud toit läheb makku ja tuleb kehast välja. Kõik imetajad paarituvad vastassugupoolega ja sünnitavad oma järglased.

Kui te koondate need ilmselged näitajad, ei ole teil võimalik öelda, et tegu oleks ühtelangevusega või „tugevaima ellujäämisega" määratud evolutsiooni tõendiga. Miskit taolist ei saa üldse selgitada evolutsiooniteooriaga.

Seega, fakt, et nii inimolenditel kui loomadel on sama

orgaaniline ülesehitus, piisab tõendiks selle kohta, et Looja Jumal lõi ja kavandas selle. Kui Jumal poleks üks Jumal, vaid üks paljude jumalate hulgast, oleks loodud olenditel erineval määral organeid, erinev kehastruktuur ja eri kehaasendid.

Pealegi kui loodust ja universumit lähemalt vaadata, leiab sealt veelgi rohkem tõendeid loomise kohta. Kui imeline on teada, et kõik, mis on päikesesüsteemis – nagu näiteks maa pöörlemine ja ringiliikumine, toimib absoluutselt veatult!

Vaadake käekella. Selle sees on palju keerukaid osi. See ei tööta isegi siis kui kõige väiksem osa on puudu. Nõnda kavandas Jumal oma ettenägelikkusega selle universumi toimimise.

Näiteks ei saa inimene ega mingi muu eluvorm eksisteerida ilma maa ümber ringiliikuva kuuta. Kuud ei saaks asetada maast veidi kaugemale ega lähemale kui see hetkel on. Jumal asetas selle õigele kaugusele, et inimene võiks maa peal elada.

Kuu praeguse asukoha tõttu moodustub selle gravitatsioonijõu tõmbe mõjul mere tõus ja mõõn. Tõus raputab ja puhastab merd. Samamoodi pandi kõik asjad universumis liikuma täpselt Jumala juhatust mööda.

Miks mõned ei usu, et Jumal on Looja?

Mõned inimesed usuvad Loojat Jumalat ja elavad Tema Sõna järgi. Miks inimesed, kes suudavad mõtelda ja leida teaduses kõigele vastuseid, ei usu, et Jumal on Looja?

Kui sa oled juba lapsepõlves teada saanud, et Jumal on elav ja Kõikvõimas Looja, ei ole sul raske uskuda, et Jumal on Looja.

Kuid täna on evolutsiooniteooria teist paljusid mõjutanud juba alates teie noorukieast ja eksisteerib nii palju „teadmisi", mis ei ole isegi vältimatult tõesed. Te suhtlete ka nendega, kes ei usu Jumalat või kahtlevad Temas.

Kui te olete taolises keskkonnas elanud ja lähete siis kogudusse ja kuulete Jumala Sõna, esineb teil sageli kahtlusi ja konflikte ja te ei suuda uskuda Loojat Jumalat, sest teie eelnevad teadmised on vastuolus sellega, mida te koguduses õpite ja kuulete.

Kuniks te ei vabane maailmas õpitud teadmistest ega mõtetest, ei saa teil isegi siis, kui te käite regulaarselt koguduses, olla vaimset, Jumalast tulevat usku, mis on kaugel igasugusest kahtlusest.

Te ei saa uskuda taevariiki ega põrgusse kui teil puudub vaimne usk. Te peate nähtavat maailma ainsaks maailmaks ja elate oma teedel.

Kui palju kordi te näete kunagi tunnustatud ja aktsepteeritud teooriaid vastupidiseks muudetult või isegi uue teooriaga hiljem asendatult? Isegi kui see ei ole täpselt nii, on tõene, et hiljem leitud faktide alusel muudetakse või asendatakse traditsioonilised teooriad ja väited.

Aja jooksul ja teaduse arenedes leiavad inimesed paremaid selgitusi ja mõtlevad välja teooriaid ning isegi kui need ei ole täielikud, ma ei väidaks, et paljude teadlaste uurimused täiesti valed oleksid.

Maa peal on ikkagi palju asju, mida ei saa inimsuutlikkusega selgitada, seega te peate seda fakti tunnistama.

Näiteks, mis puudutab universumit, ei ole te kunagi olnud

universumi kõige kaugemal küljel, ning te ei ole kunagi iidsesse aega tagasi läinud. Kuid inimesed püüavad universumit selgitada, püsitades erinevaid hüpoteese ja teooriaid.

Enne inimese kuule minekut oletasime me, et: „Seal üleval võivad olla mõned elusorganismid, või meie päikesesüsteeemis, maast eemal, võib olla organisme." Kuid pärast inimese kuul käimist me teatasime: „Seal pole ainsatki elusorganismi." Tänapäeva teadlased ütlevad: „Marsil võib tõenäoliselt olla elusorganisme" või „Punasel planeedil on mõned jäljed vee olemasolu kohta."

Isegi kui te olete teadusuuringuga kaua aega tegelenud ja teie teadmised on selle aja jooksul suurenenud, kui te ei tunne Looja Jumala tahet, ettenägelikkust ja väge, lõpetate te kohas, kus on inimvõimete piir.

Seega, Roomlastele 1:20 kirjutatakse: *„Tema nähtamatu olemus, Tema jäädav vägi ja jumalikkus on ju maailma loomisest peale nähtav, kui mõeldakse Tema tehtule, nii et nad ei saa endid vabandada."*

Kes iganes avab oma südame ja mõtiskleb, võib tunda Jumala väge ja Tema jumalikku loomust loodu - päikese, kuu ja tähtede kaudu, mille teel Jumal laseb teil mõista Tema olemasolu ja Temasse uskuda.

Ma olen see, kes MA OLEN

Kui paljud inimesed kuulevad Loojast Jumalast, võivad nad mõtelda: „Kuidas oli Ta esialgu olemas?" „Milline on Tema päritolu?" või „Missugusel kujul Ta eksisteeris?"

Inimese teadmised ja mõtted ei suuda teatud piiri ületada, mis kirjutab ette, et kõigil olenditel peaks olema algus ja lõpp. Seetõttu me nõuame niisugustele küsimustele selgeid vastuseid. Kuid Jumal eksisteerib väljaspool inimlikku arusaama, seega Ta on see, kes „oli," „on" ja „tuleb."

2. Moosese raamatu 3. peatükis kirjeldatakse stseeni, kus Jumal käskis Moosesel viia Iisraeli rahvas Kaanani maale. Mooses küsis omakorda Jumala käest, kuidas ta peaks vastama iisraellastele kui nad peaksid tema käest Jumala nime kohta küsima.

Sel hetkel ütles Jumal Moosesele: „*MA OLEN SEE, KES MA OLEN*" ning käskis tal öelda iisraellastele: „*Ma Olen" on mind läkitanud teie juurde*" (2. Moosese raamat 3:14).

„MA OLEN" on fraas, mida Jumal kasutas enesele viitamiseks ja see tähendab, et Teda ei sünnitanud ega loonud keegi, vaid Ta on täiuslik olend, Looja Jumal Ise.

Jumal oli alguses Valgus, kes kõneles

Johannese 1:1 on kirjas: „*Alguses oli Sõna ja Sõna oli Jumala juures ja Sõna oli Jumal.*" Sel viisil, Jumal, kes oli alguses Sõna, oli olend, kes eksisteeris täiesti omaette ja keegi ei loonud Teda. Kuidas ja kus Ta oli olemas?

Jumal on Vaim, seega Ta on olnud Sõna kujul neljandas mõõtmes - vaimumaailmas, mitte kolmandas mõõtmes, mis on nähtav. Jumal ei olnud olemas mingil kujul, vaid Ta oli sügav ja ilus valgus, Tal oli puhas selge hääl ja Ta valitses kogu universumit.

Seega öeldakse 1. Johannese 1:5: *„Ja see on sõnum, mida me oleme kuulnud Temalt ja kuulutame teile: Jumal on valgus, ja Temas ei ole mingit pimedust."* See on vaimse tähendusega ja kujutab Jumalat, kes oli alguses valgus.

Alguses oli Jumal kõneleva valguse kujul. Tema hääl on puhas, armas ja mahe ja kõlab läbi terve universumi. Need, kes on eales kuulnud Jumala häält, suudavad seda mõista.

Mingil hetkel, riietas Jumal MINA OLEN end Kolmainsusse, et kasvatada oma tõelisi lapsi, kellega Ta võis jagada oma armastust. Oli vaja Poega, kes pidi täitma Päästja missiooni ja Püha Vaimu, kes pidi täitma Abistaja ülesannet.

Jumal oli enne aja algust olemas

Seega on Johannese ilmutuses 22:13 kirjas: *„Mina olen A ja O, esimene ja viimane, algus ja ots."* Seal mainitakse Isa Jumalat, Jumalat Poega ja Jumalat Püha Vaimu.

Jumal tegi End Kolmainsuseks: Jumal Isa, kes on kogu inimliku teadmise ja tsivilisatsiooni A ja O; Jumal Poeg, kes on inimliku pääsemise algus ja ots ja Jumal Püha Vaim, kes on inimliku kasvamise algus ja ots. Siinkohal oli igal Kolmainu liikmel tõeliste vaimsete laste saamiseks oma kuju.

1.Moosese raamatus 1:26 näidatakse selgesti Kolmainsuse kuju ja see on Tema taevaste ja maa loomise aegne kuju. *„Ja Jumal ütles: „Tehkem inimene oma näo järgi, meie sarnasteks, et nad valitseksid kalade üle meres, lindude üle taeva all,* *loomade üle ja kogu maa üle ja kõigi roomajate üle, kes maa peal roomavad."*

Looja Jumal oli olemas enne aja algust, Ta kavatses saada enesele tõelised lapsed ning tegi selle plaani teoks. Seega, kui te saate täieliku arusaamise Jumalast, KES ON, peaksite te saama lahti kogu oma mõtteviisist, teooriatest ja stereotüüpidest ja võtma siis vastu Jumala tehtud loomistöö.

Erinevalt Jumala loodud asjadest, on inimese tehtud asjadel omad piirid ja puudused. Kuna inimolendite teadmised ja tsivilisatsioon areneb pidevalt, tehakse paremaid tooteid, ent neil on siiski palju puudujääke.

Mõned teevad kullast, hõbedast, pronksist ja metallist ebajumalaid ja kutsuvad neid jumalateks, keda nad kummardavad ning kellelt nad õnnistusi paluvad. Need on lihtsalt metallist või kivist kujud, kes ei suuda hingata, kõneleda ega isegi silmi pilgutada (Habakuk 2:18-19).

Väites endid targad olevat, ei suuda inimesed tegelikult vahet teha tõe ja vale vahel, kuid valmistavad pigem kujud ja kutsuvad neid jumalateks, mida nad kummardavad (Roomlastele 1:22-25). Kui rumal ja häbiväärne on see?

Seega, kui inimesed on kummardanud ja teeninud tühiseid jumalaid, kuna nad ei tundnud Jumalat, peaksid nad sellest põhjalikult meelt parandama, kummardama Jumalat, KES ON ja jätkama oma ülesandeid Tema lastena.

Jumal on kõiketeadev ja kõikvõimas

Looja Jumal, kes lõi kogu universumi, on täiuslik olend, kes oli olemas enne aja algust ja Ta on kõiketeadev ja kõikvõimas. Piiblisse on kirja pandud paljud imed ja tunnustähed, mida ei ole võimalik inimliku teadmisega korda saata.

Need vägevad teod, mille autoriks on kõiketeadev ja Kõikvõimas Jumal, kes on seesama eile ja täna, leidsid aset nii Uue kui Vana Testamendi ajal paljude jumalameeste kaudu, kellel oli Tema vägi.

See on nii, kuna Jeesus ütles Johannese 4:48: „*Te usute mind ainult siis, kui näete tunnustähti ja imetegusid,*" ei usu inimesed enne kui nad näevad kõikvõimsa Jumala tegusid.

Jumal näitab imestusväärseid imesid ja tunnustähti

2. Moosese raamatus on üksikasjalikult kirjas, et kõiketeadev ja Kõikvõimas Jumal tegi imestusväärseid imesid ja tunnustähti Moosese läbi kui Ta tõi iisraellased Egiptusest välja, Kaananimaale.

Näiteks, kui Jumal saatis Moosese vaarao, Egiptuse valitseja, juurde, tõi Ta tema ja ta rahva üle kümme nuhtlust, pani iisraellased Punast Merd lõhestades sellest kuiva maad mööda läbi tulema ja uhtus kabuhirmus Egiptuse sõjaväe lainetulvaga minema.

Isegi pärast 2. Moosese raamatut tuli vesi kaljust välja kui Mooses lõi toda oma sauaga, kibe vesi muutus magusaks ja manna sadas taevast alla, et miljonid inimesed võiksid elada ilma mureta, kust toitu saada.

Hiljem näeme me Vanas Testamendis, kuidas Jumal andis Eelijale väe, et kuulutada kolme ja poole aastat põuda, palvetada taas vihmasadu ning surnuid ellu äratada.

Uues Testamendis näeme me Jeesust, Jumala Poega, neli päeva surnud Laatsarust ellu äratamas, pimedate silmi avamas ja paljusid erinevate haiguste, tõbede ja kurjade vaimudega inimesi tervendamas. Ta kõndis vee peal ja vaigistas tuult ja laineid.

Ja Jumal tegi iseäralikke vägevaid tegusid Pauluse käte läbi, nii et ka tema naha pealt võetud higirätikuid ja põllesid viidi haigete peale ja tõved lahkusid neist ning kurjad vaimud läksid välja (Apostlite teod 19:11-12). Paljud tunnustähed järgisid Peetrust, kes oli üks Jeesuse parimaid jüngreid. Inimesed kandsid ka haigeid tänavatele ning panid need kanderaamidele ja vooditele, et Peetruse möödudes kas või tema varigi langeks mõne peale (Apostlite teod 5:15).

Pealegi, Jumal tegi imesid ja tunnustähti Stefanose ja Filippuse kaudu Piiblis ja Ta teeb neid edasi koguduse kaudu ka tänapäeval.

Inimesed on tervenenud paljudest ravimatutest haigustest nagu näiteks vähk, tiisikus, leukeemia ja AIDS. Surnud ärkasid ellu ja jalust vigased tõusid püsti, hakkasid käima ja jooksma

Peale selle, Jumal teeb veel suuremaid imesid ja tunnustähti, erakordseid imesid ja märkimisväärseid asju: telefonipalvega ja taskurätikute kaudu, mille eest ma olen palvetanud, on paljud haiged terveks saanud, katkised masinad korda saanud ja südamesoovid täitunud.

Seega, kes iganes usub kõikvõimsat Jumalat ja palub Tema

tahtega kooskõlas, võib saada vastuse sellele, mida ta iganes palves palub.

Jumal on Piibli autor

Jumal on Vaim, seega Ta on nähtamatu, kuid Ta on alati end paljudel viisidel näidanud. Jumal ilmutab end tavaliselt loodu kaudu ja eriti tervenenud ja Tema käest vastused saanud inimeste tunnistuste kaudu. Ta ilmutab end ka üksikasjalikult Piibli kaudu.

Seega, võib Piibli kaudu õppida tundma tõelist ainsat Jumalat ja Temaga kohtuda ning Jumala töö mõistmise teel saada päästetud ja igavese elu osaliseks. Lisaks võite te elada edukalt ja anda Jumalale au, mõistes Jumala südant ja seda, kuidas Teda armastada ja olla Tema poolt armastatud (2. Timoteosele 3:15-17).

Pühakiri on Jumala sisendatud

2. Peetruse 1:21 öeldakse: *„Sest iialgi ei ole ühtegi prohvetiennustust esile toodud inimese tahtel: vaid Pühast Vaimust kantuina on inimesed rääkinud, saades sõnumi Jumala käest."* ja 2. Timoteosele 3:16 on kirjas: *„Kogu Pühakiri on Jumala sisendatud."* See tähendab, et Piibel on 1. Moosese raamatust Johannese ilmutuseni Jumala Sõna, mis pandi üksnes Jumala tahte kohaselt kirja.

Seega on olemas mitmeid fraase nagu näiteks „Jumal ütleb,"

„ISAND ütleb" ja „ISAND Jumal ütleb." Need kinnitavad, et Piibel ei ole mitte inimese, vaid Jumala Sõna.

Piiblis on kuuskümmend kuus raamatut ja see koosneb kolmekümne üheksast Vana Testamendi raamatust ja kahekümne seitsmest Uue Testamendi raamatust. Arvatakse, et Piiblil oli 34 kirjapanijat. Piibli kirjutamise aeg on alates 1500 e.m.a. kuni 100 m.a.j. kuni umbes 1600 jooksul. Imeline on see, et isegi kui paljud erinevad autorid panid Piibli kirja, on Piibel tervikuna täiesti seostatud algusest lõpuni ja iga salm langeb muude salmidega kokku.

Nii kirjutatakse Jesaja 34:16: *„Uurige Isanda raamatust ja lugege: ükski neist ei ole puudu; ükski neist ei ole teist kaotanud, sest Tema on oma suu kaudu andnud käsu ja Tema Vaim on need kogunud."*

Niisugune asi võis sündida vaid selle tõttu, et Piibli algne kirjapanija on Jumal, sest Püha Vaim valitses kirjutajate südant ja koondas nende sõnad. Tuleks meeles pidada, et Piibli autorid ei ole lihtsalt Jumala jaoks lugude kirjapanijad ja Piibli algne kirjutaja on Jumal.

Vaadakem järgmist näidet. Oletame, et maapiirkonnas elab vana ema. Ta saadab kirja oma nooremale pojale, kes õpib linnas. Ta on kirjaoskamatu, seega ta räägib oma sõnumi vanemale pojale. Kui noorem poeg, kes elab linnas, saab kirja, mõtleb ta, et kirja saatjaks oli tema ema, mitte tema vanem vend, isegi kui viimane selle tegelikult kirja pani. Piibliga on samamoodi.

Jumala armastuskiri täis õnnistusi ja tõotusi

Piibli panid kirja Jumala Vaimuga täidetud teenijad, et Jumalat seeläbi ilmutada. Te peate uskuma fakti, et see on ustava Jumala Sõna, kes end ilmutab.

Jumala Sõna on vaim ja elu (Johannese 6:63), nii et kes iganes seda kuuleb ja usub, saab igavese elu ja tema hing saab elukülluse osaliseks. Kõigil, kes Jumala Sõna usuvad ja sellele sõnakuulelikud on, on edukas elu ja nad on täiuslikud Jumala inimesed, kes juhinduvad Jeesusest Kristusest.

Jumal tuli maale lihalikul kujul, et näidata end inimkonnale. Jeesus oli see liha. Filippus, Jeesuse jünger, ei teadnud seda ja nõudis, et Jeesus näitaks talle Jumalat. Ta ei suutnud aru saada, et Jeesus oligi Jumala kehastus, et täituks õpetussõna, mis ütleb: „Küünal ei põle vaka all."

Johannese 14:8 ja järgnevad salmid juhatavad sisse Filippuse ja Jeesuse vahelise kahekõne:

Filippus aga ütles Talle: „Isand, näita meile Isa, ja me jääme rahule." Jeesus ütles talle: „Nii kaua aega olen ma teie juures, ja sa ei ole mind veel ära tundnud, Filippus? Kes on näinud mind, see on näinud Isa. Kuidas sa siis ütled: „Näita meile Isa? Kas sa ei usu, et mina olen Isas ja Isa on minus? Neid sõnu, mida ma teile ütlen, ei räägi ma iseenesest, vaid Isa, kes asub minus, teeb oma tegusid." (Johannese 14:8-10).

Isegi siis kui Jeesus tõendas veenvalt, Jumala väega võimatute imede tegemise kaudu, et Tema ja Jumal olid üks, tahtis Filippus, et Jeesus näitaks talle Isa. Jeesus ütles, et ta usuks Tema õpetusi, mida imed ise tõendasid.

Jumal tuli siia maailma lihalikul kujul, et ennast näidata ja Jumal seisis Piibli kirjapaneku taga, sest inimeste jaoks on tavaliselt võimatu Teda inimsilmadega näha.

Seega, te võite saada Jumala Piibli kaudu lubatud õnnistused ja vastused kui teil on Piibli kaudu väärtuslik osadus elava Jumalaga, te teate Tema tahet ja ettehoolet ja järgite Tema Sõna.

Iga Piibli Sõna on tõene

Ajaloolised ülestähendused võivad anda teadmisi minevikuaja inimeste või sündmuste kohta. Ajalugu on seletus aegade muudatuse kohta ja see laseb teil üksikasjalikult teada spetsiifiliste asjade, inimeste või teatud aja elamistingimuste kohta.

Inimkonna ajalugu on tõendanud Piibli tõesust. Te näete, et Piibel on ajalooline ja realistlik, eriti kui te vaatate hoolikalt Piiblisse kirjapandud sündmusi, inimesi, kohti või kombeid.

Kuna Vana Testament anti tõesti edasi, tuginedes objektiivsetele faktidele nagu tähtsad või tavalised infokillud, mis sündisid üksikisikutele, inimestele või rahvarühmadele Aadama ja Eeva ajast alates, on Iisrael pidanud Vana Testamenti oma rahva ja päritolu jaoks tänaseni pühaks ja ajalooliseks kirjutiseks. Isegi paljud ajaloolased peavad Piiblit usaldusväärseks allikaks.

Ajalugu tõendab Piibli tõesust

Esiteks tahaksin ma Piibli põhjal jagada teiega Iisraeli ajalugu ja tõendada, et Jumala Sõna Piiblis on tõene.

Inimolendite esiisa Aadam patustas Jumala vastu, seega läksid tema järglased – kõik inimolendid, patu teed ja elasid, tundmata Jumalat – oma Loojat. Just siis valis Jumal ühe rahva ja kavatses selle kaudu oma tahet ja ettenägelikkust ilmutada.

Esiteks kutsus Jumal Aabrahami, kellel oli parim „südame põld," puhastas teda ja tegi temast usuisa. Aabraham oli Iisaki isa, Iisak oli Jaakobi isa ja Jumal kutsus Jaakobit „Iisraeliks" ja tegi tema kaheteistkümest pojast kaksteist suguharu.

Jaakobi eluajal viis Jumal ta Egiptusesse ja lasi tal saada rahvaks. Ta suurendas tema järglaste arvu ja viis nad lõpuks Kaananimaale.

Jumal andis Moosesele Seaduse tema kõrbes viibimise ajal, õpetas iisraellasi oma Sõna järgi elama ja juhtis neid üksnes oma Sõnaga.

Pärast Kaananimaale viimist olid nad edukad vaid siis kui nad kuuletusid Seadusele. Kui Iisrael teenis ebajumalaid ja tegi kurja, vähenes ta riigivõim ja võõramaalased tungisid riiki. Iisraellased võeti vangi või orjastati. Kui nad meelt parandasid, taastati nende rahvas. See tsükkel kordus järjepidevalt.

Seega näitab Jumal kõigile inimolenditele Iisraeli ajaloo kaudu, et Jumal on elav ja Tema valitseb kõike oma Sõnaga.

Te võite samuti näha, et Piibli prohvetikuulutused on

täitunud ja on täide minemas. Näiteks Luuka 19:43-44 mainis Jeesus Jeruusalemma langemist kui Ta ütles:

Sest päevad tulevad sinu peale, mil su vaenlased teevad sinu ümber valli ja piiravad sind ja ahistavad sind igalt poolt ja lõhuvad su maani maha, ja su lapsed sinu sees, ega jäta kivi kivi peale, seepärast et sa ei ole ära tundnud oma soosinguaega.

Nende salmidega pidas Jeesus silmas, kuidas Jeruusalemma linn hävitatakse selle kasvava kurjuse tõttu. See prohvetikuulutus täitus aastal 70 A.D. kui Rooma Impeeriumi väepealik Tiitus lasi oma meestel Jeruusalemma vastu vall ehitada, see ümbritseda ja tappa valli sisemuses palju inimesi. See juhtus juba 40 aastat pärast Jeesuse prohvetikuulutust.

Jeesus ütles Matteuse 24:32: *„ Ent viigipuust õppige võrdumit: kui selle okstele tärkavad noored võrsed ja ajavad lehti, siis te tunnete ära, et suvi on lähedal."* Viigipuu sümboliseerib siin Iisraeli rahvust ja see tähendamissõna õpetab, et Iisrael saab iseseisvaks kui Jeesuse teine tulemine läheneb. Lõpuks tunnistab ajalugu, et see Jumala Sõna sai tõeks kui aastal 70 A.D. langenud Iisrael taastati imeliselt 14. mail, 1948 – 1900 aastat pärast selle hävingut.

Vana Testamendi prohvetikuulutus ja selle täitumine Uues Testamendis

Ma tunnistan, et Jumala Sõna Piiblis on tõene, õppides

tundma Vana Testamendi prohvetikuulutuse täitumist Uue Testamendi ajal.

Vana Testamendi käsuseadus ei olnud „Jumala tõeliste laste saamiseks."täiuslik viis. See oli üksnes vari, mis näitas Jumalat. Sellepärast Jumal lubas kogu Vana Testamendis Messiase tulekut. Kui aeg saabus, saatis Ta siia maailma oma lubaduse pidamiseks Jeesuse Kristuse.

On ilmne, et Jeesus tuli maa peale umbes 2000 aasta eest. Lääne ajalugu on suurel määral jaotunud kaheks, vastavalt Jeesuse sünnile. „eKr." tähendab *Enne Kristust,* tähistades ajalugu enne Jeesuse aega, kuna aga „A.D." on *Anno Domini,* mis tähendab „meie Isanda aastal." Isegi ajalugu tõendab Jeesuse sündi.

Vaatame esiteks 1. Moosese 3:15:

Ja ma tõstan vihavaenu sinu ja naise vahele, sinu seemne ja tema seemne vahele, kes purustab su pea, aga kelle kanda sa salvad.

Selles salmis kuulutati, et meie Päästja tuleb naise seemne kujul ja hävitab surma meelevalla. „Naine" tähistab selles lõigus Iisraeli. Tegelikult tuli Jeesus maa peale Joosepi pojana, kes kuulus Iisraeli Juuda suguharusse (Luuka 1:26-32).

Jesaja 7:14 on kirjas: „*Sellepärast annab Isand ise teile tunnustähe: ennäe, neitsi jääb lapseootele ja toob poja ilmale ning paneb temale nimeks Immaanuel.*"

See tähendab, et Pühast Vaimust eostatud Jumala Poeg saadetakse lepitama inimsoo patte. Tõesti, Jeesus sündis Neitsi

Maarjast Püha Vaimu kaudu (Matteuse 1:18-25).

Jeesuse kohta kuulutati prohvetlikult, et Ta sünnib Petlemma piirkonnas, nii nagu on kirjas Miika 5:1:

Aga sina, Petlemm Efrata, olgugi väike Juuda tuhandete seas, sinust tuleb mulle see, kes saab valitsejaks Iisraelis ja kes põlvneb muistseist päevist, igiaegadest.

Seda sõna täites sündis Jeesus Kuningas Heroodese ajal Petlemmas, Juudamaal. Isegi ajalugu kinnitab seda uuesti.

Kuningas Heroodese poolt paljude süütute väikelaste tapmist Jeesuse sünni ajal (Jeremija 31:15; Matteuse 2:16), Jeesuse sisenemist Jerusalemma (Sakarja 9:9; Matteuse 21:1-11) ja Jeesuse taevasseminekut (Laul 16:10; Apostlite teod 1:9) kuulutati prohvetlikult ette ja see täitus vastavalt.

Lisaks kuulutati ette Jeesust 3 aastat järginud Juudas Iskarioti reetmist (Laul 41:9) ja tema poolt Jeesuse reetmist kolmekümne hõberaha eest (Sakarja 11:12) ja see sai teoks.

Seega te võite uskuda, et Piibel on tõde ja see on tõesti Jumala Sõna, eriti kui te näete, et kõik Vana Testamendi prohvetikuulutused läksid täpselt täide.

Piibli prohvetikuulutused, mis on alles täitumas

Jumal tegi Jeesusest Kristusest meie Päästja, täites Uue Testamendi ajal kõik Vana Testamendi prohvetlikud ettekuulutused. Iga väikseimgi prohvetikuulutus Jeesuse, Iisraeli ajaloo käigu ja inimkonna ajaloo kohta läks veatult täide. Maailma ajalugu vaadeldes võib näha, et kõik Piiblis sisalduvad prohvetlikud sõnad on täitunud ja täituvad.

Nii Vana kui ka Uue Testamendi prohvetid kuulutasid prohvetlikult maailmavõimu tõusu ja langust, Jeruusalemma hävingut ja ülesehitust ja tähtsate isikute tulevikutegevust. Paljud Piibli prohvetlikud sõnad on täitunud ja täitumas ja inimestel seisab ees Jeesuse teise tuleku, Koguduse ülesvõtmise, Milleeniumi kuningriigi ja Suure valge aujärje kohtumõistmise nägemine. Meie Isand valmistab nüüd teile kohta, nii nagu Ta lubas (Johannese 14:2) ja Ta viib teid varsti igavesse paika.

Meie maailm kannatab praegu näljahäda, maavärinate, normist kõrvale kalduva ilma ja tohutute õnnetuste tõttu. Te ei tohiks seda kokkulangevuseks pidada, vaid peaksite selle asemel aru saama, et Jeesuse teine tulek on lähedal (Matteuse 24:3-14). Te peaksite saama kogu pääste, olles ärkvel ja kaunistades end mõrsjana.

Peatükk 2

JUMAL LOOB JA HARIB INIMEST

- Inimese päästetee
- Jumal loob inimolendid
- Miks Jumal kasvatab inimolendeid?
- Jumal eraldab nisu sõkaldest

Ja Jumal lõi inimese oma näo järgi, Jumala näo järgi lõi Ta tema, Ta lõi tema meheks ja naiseks. Ja Jumal õnnistas neid, ja Jumal ütles neile: „Olge viljakad ja teid saagu palju, täitke maa ja alistage see enestele; ja valitsege kalade üle meres, lindude üle taeva all ja kõigi loomade üle, kes maa peal liiguvad.”

1. Moosese 1:27-28

Vähemalt kord elus võite te esitada põhiküsimusi nagu elu päritolu, sihi, eesmärgi ja tähenduse kohta. Siis püüate te vastused saada. Paljud inimesed proovivad neile küsimustele eri meetodite abil lahendusi leida, kuid nad surevad, suutmata leida ehtsaid vastuseid.

Maailmakuulsad mõttetargad nagu Konfutsius, Buddha või Sokrates püüdsid samuti neid põhivastuseid saada. Konfutsius keskendus moraalile, mis toonitas täiuslikku voorust, mida peeti eetiliseks ideaaliks ja ta kasvatas üles palju järgijaid. Buddha tegeles pikalt patukahetsusega, et saada vabaks maisest eksistentsist. Sokrates taotles tõde omamoodi ja otsis tõelisi teadmisi.

Kuid keegi neist ei suutnud leida püsivat põhilahendust, nad ei jõudnud ehtsa tõeni ega saanud igavest elu, kuna enne maailma loomist varjule pandud tõde on vaimne – see on nähtamatu ja puudutamatu. Elu kohta ei ole võimalik selgeid vastuseid saada enne kui saadakse aru Looja Jumala ettenägelikkusest inimese kasvatamisel.

Inimese päästetee

Looja Jumal, Jeesus Kristus, meie hinge aluspõhjus, elu pärast surma, elu ülim eesmärk ja tee igavesse ellu on selgelt ära seletatud Piiblis, kuhu on kirja pandud elava Jumala Sõna. Jeesuse Kristuse risti kaudu pääsemise sõnum on Jumala saladus, mis oli igavikust varjul ja milles sisaldub Jumala armastus ja õiglus.

Jeesuse Kristuse kaudu pääsemise tee

Kristlust kutsutakse sageli „ristiusuks." Kas te teate selle tähendust ja miks isegi mõne rahva valitsejad põlvitavad selle ees? Milline on paljude inimeste pattude usu kaudu andekssaamise ja pääste ja igavese elu saamise saladus?

Paljud kristlased arvavad, et nad tunnevad Jeesus Kristust ja risti tähendust. Kui ma küsisin risti tähenduse kohta, siis enamus usklikest – isegi vastpöördunud, kes on mitu kuud usklikud olnud – vastaks niimoodi: „Umbes kahetuhande aasta eest tuli Jeesus, Jumala Poeg, lihas maa peale ja löödi risti meie inimlike pattude lepitamiseks. Kolmandal päeval tõusis Ta uuesti surnuist ja Temast sai meie Päästja. Nii et kes iganes usub Jeesust Kristust, võib saada päästetud ja minna taevariiki."

Kuid te peate teadma, et üksnes selle teadmine ei saa teid pääsemisele viia. Jakoobuse 2:19 öeldakse: *„Sina usud, et Jumal on üksainus. Seda sa teed hästi, ka kurjad vaimud usuvad seda ja värisevad hirmust."* Isegi meie vaenlane kurat ja deemonid teavad ja usuvad Jumalat, kuid nad ei saa iialgi päästetud.

On põhjus, miks Jumal ütleb, et teadmised ja uskumine lihtsa teadmisega on üks asi ja kogu südamest aru saamine ja uskumine hoopis tine asi.

Kui sa oma suuga tunnistad, et Jeesus on Isand, ja oma südames usud, et Jumal on Ta üles äratanud surnuist, siis sind päästetakse, sest südamega usutakse õiguseks, suuga aga tunnistatakse päästeks (Roomlastele 10:9-10).

Oletame, et on üks apelsin. Lihtne on öelda ja tunnistada: „Ah, see on apelsin." See on nii, kuna sa tead seda. Kuid kui ma küsiksin: „Kas sa võid mulle üksikasjalikult rääkida, kuidas on apelsin inimese kehale kasulik?" suudaksid ainult mõned sellele vastata. Isegi kui me kuuleme seda mitu korda ja saame selle kohta infot, kui seda mitte meeles pidada, ununeb see sageli. Kui te ei ole selle ala asjatundjad, on seda väga raske üksikasjalikult selgitada.

Siis kuidas te teate täielikult apelsinide kohta? Esiteks peaksite te seda asjatundjatelt õppima ja info meeles pidama. Kuid sellest infost ei ole teie jaoks midagi kasu kui seda vaid kuulata ja teada saada. Teadmised on teile kasuks ainult siis kui te tegelikult apelsine koorite ja sööte. Neid süües võite te apelsine maitsta ja need toidavad te verd, ihu ja luid, andes kehale toidust.

Samuti on teie jaoks kasu vaid sellest, kui te õpite tundma Jumala valitsust ja Tema ettenägelikkust risti näite varal ja mõistate selgesti Jumala armastust ja armu teie vastu.

Uskuda südamega ja tunnistada suuga

Kui te saate aru risti sõnumist ja teie südames on tõeline Jumala armastus, võib teil olla tõeline usk ja te võite elada ehtsat kristlikku elu, mis viib igavesse ellu. Kui mitte, siis isegi kui te olete kümme või kakskümmend aastat koguduses käinud, avastate te end ikka patustamast ja maailma sarnane olemast. Te ei saa kunagi päästetud.

Enne kui ma kohtusin Jumalaga, olin ma ateist ja rõhutasin, et Jumalat, deemoneid, taevariiki ega põrgut ei olnud olemas. Ma õppisin koolis ateismi ja eeldasin, et see väide oli õige ja inimesed pidasid mind elutargaks isikuks.

Kuid see ei olnud tõde minu südames. Ma ei saanud salata elu pärast surma ja kartsin, et ma lähen pärast surma põrgusse.

Viimaks jäin ma haigeks ja olin peaaegu suremas. Kui ma kohtusin elava Jumalaga, sain ma kõigist haigustest terveks ja mõistsin selgelt ristis varjul olevat Jumala armastust.

Mind kutsuti Jumalat teenima. Nüüd ma tunnistan inimestele hoopis elava Jumala ja meie Isanda Jeesuse Kristuse väest. Ma juhin palju hingi päästmise teele. Kui te mõistate Jumala suurt armastust ja inimliku päästmise ettenägelikkust, võite te saada igavese elu ja õiguse siseneda taevasse ning teist võib saada Jeesuse Kristuse evangeeliumi tõeline tunnistaja. Selleks, et saada armu elu tõelisest tähendusest ja eesmärgist, peate te mõistma, miks Jumal lõi inimese.

Jumal loob inimolendid

Organite ja rakkude ja kudede müstiline moodustumine inimkehas on mõõtmatu. Jumal, kes lõi inimese niimoodi, tahab tõelisi lapsi, kellega Ta võib oma armastust ja kõike muud igavesti jagada. Sellepärast tegi Jumal inimese oma näo järgi ja oma sarnaseks ja kasvatas inimese ja valmistas taeva.

Kuidas siis Jumal lõi kõik asjad universumis ja moodustas inimese?

Jumala kuuepäevane looming

1. Moosese raamatus kirjeldatakse hästi protsessi, mille käigus Jumal lõi kuue päevaga taevad ja maa. Ja Jumal ütles: *„Saagu valgus!"* Ja valgus sai (1. Moosese raamat 1:3). Ja siis Jumal ütles: *„Veed kogunegu taeva all ühte paika, et kuiva näha oleks!"* Ja nõnda sündis (1. Moosese raamat 1:9). Ja nii edasi.

Nagu öeldakse Heebrealastele 11:3: *„Usus me mõistame, et maailmad on valmistatud Jumala Sõna läbi, nii et nägematust on sündinud nähtav,"* Jumal lõi kogu universumi oma Sõnaga.

Jumal lõi valguse esimesel päeval ja lõi teisel päeval taevalaotuse. Kolmandal päeval ütles Jumal: „Veed kogunegu taeva all ühte paika, et kuiva näha oleks!" Ja nõnda sündis. Ja Jumal nimetas kuiva pinna maaks ja veekogu Ta nimetas mereks. Ja Jumal ütles: „Maast tärgaku haljas rohi, seemet kandvad taimed, viljapuud, mille viljas on nende seeme, nende liikide järgi maa peale!" Maa laskis võrsuda haljast rohtu, seemet kandvaid taimi nende liikide järgi, ja viljapuid, mille viljas on nende seeme, nende liikide järgi. Neljandal päeval lõi Ta päikese, kuu ja tähed taevalaotusse ja päikese valitsema päeval ja kuu valitsema öösel. Viiendal päeval lõi Ta suured mereloomad ja kõiksugu elavad olendid, kellest vesi kihab, nende liikide järgi, ja kõiksugu tiibadega linnud. Kuuendal päeval tegi Ta metsloomad nende liikide järgi, ja kariloomad nende liikide järgi, ja kõik roomajad maa peal nende liikide järgi.

Inimene loodi Jumala näo järgi

Looja Jumal valmistas inimese eluks vajalikku keskkonda kuus päeva ja lõi siis inimese oma näo järgi. Ta õnnistas inimest kõigi olendite valitsejaks ja ütles, et ta valitseks ja oleks nende üle.

> *Ja Jumal lõi inimese oma näo järgi, Jumala näo järgi lõi Ta tema, Ta lõi tema meheks ja naiseks. Ja Jumal õnnistas neid, ja Jumal ütles neile: „Olge viljakad ja teid saagu palju, täitke maa ja alistage see enestele; ja valitsege kalade üle meres, lindude üle taeva all ja kõigi loomade üle, kes maa peal liiguvad!" (1. Moosese raamat 1:27-28).*

Kuidas siis Jumal lõi inimese?

> *„Ja Isand Jumal valmistas inimese, kes põrm on, mullast, ja puhus tema ninasse eluhinguse: nõnda sai inimene elavaks hingeks." (1. Moosese raamat 2:7).*

Selles salmis seostub põrm saviga. Osav pottsepp, kes kasutab kvaliteetset savi, teeb tseladoon portselani ehk kallihinnalist valget portselani. Vastupidiselt, mõned teised pottsepad teevad glasuurimata pottsepatööd nagu katusekive või telliseid. Keraamikatoote väärtus sõltub peamiselt selle tegijast ja kui oskuslikult see tehti, missugust tüüpi savi selleks kasutati ja mistüüpi keraamikaga tegu on. Kuna kõikvõimas Looja Jumal tegi inimese oma näo järgi, kui kaunilt Ta tema tegi?

Pärast seda kui Jumal lõi inimese oma näo järgi põrmust, hingas Ta tema sõõrmetesse eluõhku, see tähendab, eluenergiat. Siis sai inimesest elav vaim. Eluõhk on tugevus, vägi, energia ja Jumala Vaim.

Jumal hingab inimese sisse eluõhu

Kui te mõtlete fluorestsentsvalguse kiirgusprotsessist, mõistate te palju lihtsamalt inimese elavaks vaimuks loomise protsesse. Kui te soovite kiirgavat fluorestsentsvalgust, peate te esiteks valmistama hästi väljamõeldud fluorestsentsvalgusti ja siis selle sisse lülitama. Kuid see ei saa põleda kui te ei lülita seda elektrivõrku.

Televiisor töötab teie kodus samamoodi. Te ei näe midagi ekraanil enne teleri sisselülitamist, kuid kui see on sisse lülitatud, võite te igasuguseid kujutisi ja helisid näha ja kuulda. Te võite lihtsalt televisiooni sisselülitamise teel muuta kujutised ekraanil visuaalseks. Kuid televisiooni tagaosas on keerukad osad väga keerulisel viisil kokku pandud.

Samamoodi vormis Jumal põrmust mitte üksnes inimese

kuju, vaid ka siseorganid ja luud tema sees. Ta tegi veenid, mille kaudu voolas veri ja oma funktsiooni täiuslikult täitva närvisüsteemi.

Jumala vägi võib muuta põrmu pehmeks nahaks juhul kui ja ajal kui Ta seda teha tahab. Ta hingas inimese sisse eluõhu, mis sarnanes elektrivoolu lülitamisele. Siis hakkas veri inimeses otsekohe ringlema ja ta sai hingata ja liikuda.

Lisaks, kuna Jumal teeb inimeste ajurakkude mäluüksused, sisestavad inimesed kuuldu ja tajutu ajurakkudesse ja meenutavad seda. Mis on sisestatud ja meeles peetud, saab teadmiseks ja teadmist taastoodetakse mõtetena. Talletatud teadmist, mida elus kasutatakse, nimetatakse tarkuseks.

Kuigi inimolendid on lihtsalt loodud olendid, on nad oma tarkust ja teadmisi suurendanud ja keerulise teadusliku tsivilisatsiooni välja arendanud. Nüüd uurivad nad universumit ja teevad arvuteid ja sisestavad neisse massiivset teavet või taasesitavad seda ja nii nad saavad arvutitest tohutut kasu, samamoodi nagu Jumal tegi ajurakkudesse mäluüksused. Nad on jõudnud nii kaugele, et nad on loonud tehisintellektiga arvutid, mis tunnevad ära tähed või inimhääle ja võivad teistega teavet vahetada. Aja möödudes arenevad nad üha enam.

Kui palju lihtsam oli kõikvõimsal Loojal Jumalal luua inimene maapõrmust ja hingata tema sisse eluõhku, et temast elusolend teha! See on Jumala jaoks, kes võib teha midagi eimillestki, kuid see on inimese jaoks nii imeline ja äraarvamatu (Laul 139:13-14).

Miks Jumal kasvatab inimolendeid?

Jeesus õpetab meile Jumala ettenägelikkust paljude tähendamissõnade kaudu. Kuna vaimumaailma ei saa inimliku arusaamisega mõista, kasutas ta tähendamissõnades meie arusaamise hõlbustamiseks maapealseid objekte. Paljud neist on seotud kasvatamisega. Näiteks tähendamissõna külvajast (Matteuse 13:3-23; Markuse 4:3-20; Luuka 8:4-15), tähendamissõna sinepiivakesest (Matteuse 13:31-32; Markuse 4:30-32; Luuka 13:18-19), tähendamissõna umbrohust põllul (Matteuse 13:24-30, 36-43), tähendamissõna viinamäest (Matteuse 20:1-16) ja tähendamissõna rentnikest (Matteuse 21:33-41; Markuse 12:1-9; Luuka 20:9-16).

Need tähendamissõnad näitavad meile, et nii nagu põllumehed raadavad maad, külvavad seemet, harivad neid ja koristavad toodangu, vormib ja arendab Jumal inimolendeid maa peal ja eraldab nisu sõkaldest.

Jumal tahab jagada oma tõelist armastust oma lastega

Jumalas ei ole ainult jumalik, vaid samuti inimlik. Jumalikkus on kõiketeadva ja kõikvõimsa Looja Jumala enese vägi ja inimlikkus on inimese meel. Seega lõi Jumal kogu universumi, inimkonna ajaloo ja inimelud ja valitseb neid. Ta tunneb ka rõõmu, viha, kurbust ja head meelt ja tahab oma lastega armastust jagada.

Piiblis näidatakse meile nii paljudel kordadel, et Jumalal on isiksus nagu inimolenditel; Jumal rõõmustab ja õnnistab inimesi kui nad, Jumala kuju järgi looduina, teevad seda, mis on õige, kuid Ta leinab ja oigab vihast kui nad pattu teevad. Jumala soovi oma lastega suhelda ja neile häid asju anda on sageli väljendatud Jumala Sõnas.

Kui Jumalal oleksid olnud vaid jumalikud omadused, ei oleks Ta pidanud puhkama pärast kuuepäevast universumi loomist ja Ta ei oleks tahtnud meiega osaduses olla, öeldes: *„ Palvetage lakkamata"* (1. Tessaloloniklastele 5:17) ja *„ Hüüa mind, siis ma vastan sulle ja ilmutan sulle suuri ja salajasi asju, mida sa ei tea."* (Jeremija 33:3).

Vahel tahad sa üksi olla, kuid vahel võid sa olla õnnelikum sõbraga, kes mõtleb nii nagu sina ja kes võib sinuga oma armastust jagada. Samuti lõi Jumal inimese oma näo järgi, sest Ta tahtis kellegagi oma armastust jagada. Ta kasvatab inimvaime selle maa peal, sest Ta tahab tõelisi lapsi, kes mõistaksid Tema südant ja armastaksid Teda kogu oma südamest.

Jumal tahab, et Tema lapsed kuuletuksid Talle vabast tahtest

Mõned võivad mõtelda, miks Jumal lõi inimolendid ja miks Ta neid kasvatab, kuigi Taevas on nii palju kuulekaid ingleid ja taevaseid vägesid. Ometi ei ole suuremal osal inglitest mingisuguseid inimlikke iseloomuomadusi, mis on armastuse jagamisel kõige tähtsam. Teiste sõnadega, neil ei ole vaba tahet, et ise otsustada. Nad täidavad käskusid nagu robotid, kuid nad ei suuda tunda nii palju rõõmu, viha, kurbust ega heameelt kui inimolendid. Seega nad ei saa jagada Jumala armastust kogu oma südamest.

Näiteks, oletame, et teil on kaks last. Üks neist täidab üsknes teie käskusid ja ei väljenda mingisuguseid tunded, arvamusi ega armastust nagu hästi programmeeritud robot. Teine teeb teie tunnetele vahel haiget, kuid kahetseb varsti oma tegusid ja on teisse armsalt kiindunud või väljendab oma tundeid paljudel teistsugustel viisidel. Missugust last te armastaksite enam siis? Muidugi teist last.

Oletame, et teil on robot, kes teeb süüa, koristab kodu ja teenib teid. Isegi kui arvestada, et te ei armasta robotit rohkem kui oma lapsi. Hoolimata sellest kui palju robot teie heaks tööd teha võib ja kui kasulik ta olla võib, ei saa ta teie laste kohta võtta.

Samamoodi eelistab Jumal sõnakuulekaks programmeeritud robotite sarnaselt tegutsevatele inglitele ja taevastele vägedele inimolendeid, kes kuuletuvad Talle rõõmuga oma vabast tahtest, mõtete ja tunnetega. Ta annab inimolenditele vaba tahte ja oma Sõna. Siis õpetab Ta neile seda, mis on hea ja mis on halb ja missugune on pääsemise ja missugune on surma tee. Ta ootab kannatlikult, kuni nad saavad Tema tõelisteks lasteks.

Jumal kasvatab inimest vanemliku armastusega

1. Moosese raamatus 6:5-6 on kirjas: *„Kui Isand nägi, et inimese kurjus maa peal oli suur ja kõik ta südame mõtlemised olid kurjad, siis Isand kahetses, et Ta inimese oli teinud maa peale, ja Ta süda valutas."*

Kas see tähendab, et Jumal ei teadnud seda tõsiasja inimese

tegemise ajal? Ta teadis seda, muidugi. Jumal on kõiketeadev ja kõikvõimas, seega Ta teadis kõike juba enne aja algust. Sellest hoolimata lõi Ta inimesed ja on neid kasvatanud.

Kui te olete vanemad, siis ehk on teil kergem sellest aru saada. Kui raske on lapsi sünnitada ja üles kasvatada! Kui naine on rase, kaasnevad sellega üheksa kuu jooksul paljud vaevused nagu näiteks iiveldustunne. Ema tunneb sünnitades suurt valu. Vanemad näevad palju vaeva ja teevad rasket tööd päeval ja ööl, et lapsi toita, riietada ja õpetada. Kui lapsed tulevad hilja koju, muretsevad vanemad nende pärast. Kui nad jäävad haigeks, tunnevad vanemad rohkem valu kui lapsed ise.

Miks vanemad kasvatavad oma lapsi, hoolimata kogu valust ja vaevast, mis see neile valmistab? Põhjuseks on, et vanemad tahavad oma armastust kellegagi jagada, nimelt, kellegagi, kes tunneks vanemate armastust ja armastaks oma vanemaid kogu südamest. Vanemaid teeb isegi niisugune vaevanägemine õnnelikuks. Lisaks, kui lapsed on väga oma vanemate sarnased, kui armsad nad on! Muidugi, kõik lapsed ei ole alati oma vanematele kohusetruud. Mõned lapsed armastavad ja austavad oma vanemaid, teised aga kurvastavad neid. Samuti teavad vanemad kui vaevarikas on laste üleskasvatamine, kuid nad ei pea seda vaevaks. Selle asemel näevad nad tohutult palju vaeva, oodates, et nende lapsed kasvavad hästi üles ja valmistavad neile rõõmu. Samamoodi teadis Jumal, et inimolendid ei kuula Tema sõna, on rikutud ja valmistavad Talle kurbust, kuid Ta teadis ka, et on olemas tõelisi lapsi, kes jagavad Tema armastust. Seega lõi Jumal inimolendid ja kasvatas neid meeleldi.

Jumal tahab oma tõeliste laste kaudu austatud saada

Jumal arendab maapealseid inimvaime mitte ainult selleks, et saada omale tõelisi lapsi, vaid ka sellepärast, et nende kaudu austatud saada. Jumal võib samamoodi saada au suurest inglite hulgast ja taevastest vägedest. Kuid see, mida Ta tõesti tahab, on olla austatud oma üleskasvatatud tõeliste laste südame sügavuse kaudu.

Jumal ütleb Jesaja 43:7: *„Kõik, keda nimetatakse minu nimega ja keda ma oma auks olen loonud, kujundanud ja valmis teinud!"* ja annab teile korralduse 1. Korintlastele 10:31: *„Niisiis, kas te nüüd sööte või joote või teete midagi muud – tehke seda Jumala austamiseks!"*

Jumal on Looja, Armastus ja Õiglus. Ta andis oma ainsa Poja meie päästmiseks ja valmistas taevad ja igavese elu. Ta on rohkem kui väärt austust. Pealegi tahab Ta naasta auga nende juurde, kes Teda austavad.

Seega te peaksite saama Jumala tõelisteks lasteks, kes võivad Temaga igavesti armastust jagada, mõistes, miks Jumal tahab saada austatud oma vaimselt üleskasvatatud laste kaudu.

Jumal eraldab nisu sõkaldest

Põllumehed harivad maad, sest nad tahavad külluslikku lõikust saada. Jumal harib samuti maapealseid inimvaime, et saada tõelisi lapsi, kes üksnes ei armasta ja austa Teda kogu oma südamest, vaid jagavad ka Tema igavest armastust taevas.

Lõikusel on alati vili ja sõklad, seega põllumehed eraldavad vilja sõkaldest, koguvad vilja aitadesse ja põletavad sõklad tules. Samamoodi eraldab Jumal vilja sõkaldest inimvaimude kasvatamise lõpus:

> *Tal on visklabidas käes ja Ta puhastab oma rehealuse*
> *ning kogub oma nisud aita, aga aganad põletab Ta*
> *ära kustutamatu tulega (Matteuse 3:12).*

Seega tuleb teil kindlalt uskuda, et Jumal kasvatab inimvaime maa peal ja Ta kogub omal ajal nisu – tõelised lapsed – taevasse igaveseks eluks, kuid põletab aganad kustutamatu põrgutulega.

Seega, süvenegem sügavamale sellesse, missugust liiki inimesed on nisu ja aganad Jumala silmes ja missugused kohad on taevas ja põrgu.

Nisu ja aganad

Nisu sümboliseerib neid, kes Jeesuse Kristuse vastu võtavad, elavad Tões ja jagavad Jumalaga armastust. Nad on valguse lapsed, kes taastavad Jumala kaotsiläinud kuju ja teevad seda, mida Jumal neile ütleb.

Vastupidiselt, aganad kujutavad neid, kes ei aktsepteeri Jeesust Kristust või kes väidavad, et nad usuvad, kuid ei ela Jumala Sõna järgi ja järgivad nende endi kurje soove.

1. Timoteusele 2:4 kirjeldatakse meie Jumalat kui kedagi, kes *„tahab, et kõik inimesed pääseksid ja tuleksid Tõe*

tundmisele. " See tähendab, et Jumal tahab, et kõik inimesed oleksid kui nisu ja siseneksid Jumalariiki. Jumal püüab panna teid sellest paljudel viisidel aru saama ja juhatab teid pääsemise teele. Kuid mõned inimesed astuvad lõpuks Jumala tahtest ja ettenägelikkusest oma vaba tahtega üle. Need inimesed ei ole paremad kui elajad Jumala ees, sest nad on kaotanud inimlikud väärtused.

Põllumehed põletavad aganaid tules või kasutavad neid väetiseks. Kui koguda aita nii nisu kui aganad, nisu mädaneb. Seega Jumal ei lase aganatel olla Jumalariigis seal, kus on nisu asukoht. Erinevalt loomadest on inimesel igavene vaim, sest Jumal hingas inimese loomisel temasse eluvaimu. Seega Jumal ei saa aganaid hävitada ega neid olematuks teha.

Jumala jaoks on vältimatu koguda nisud Taevasse ja lasta neil nautida igavest õnne ja põletada aganad kustutamatus põrgutules igaveseks. Seega tueb seda meeles pidada, et mitte lõpetada põrgutulle visatuna.

Taeva ilu ja Põrgu õud

Teiselt poolt on Taevas liiga ilus, et seda võrrelda millegi maapealsega. Näiteks närtsivad selle maailma lilled peagi, kuid taeva lilled ei närbu ega lange, sest kõik taevane kestab igavesti. Teed on puhtast kullast, mis on selge kui klaas, kristallpuhtalt särav Elujõgi voolab sealt läbi ja majad on tehtud igasugustest hiilgavatest kalliskividest. Kõik on kirjeldamatult ilus (palun vaadake osasid *Taevas I ja II*).

Teisalt on põrgu koht, kus vaglad ei sure ja tuli ei kustu. Kõiki sealviibijaid soolatakse tulega (Markuse 9:48-49). Pealegi on põrgus põlev väävlijärv, mis on tulejärvest seitse korda kuumem (Ilmutuse 20:10, 15). Päästmata inimesed peavad igavesti elama kustutamatus tulejärves või põlevas väävlijärves. Kui kohutav ja õudne on seal igavesti elada (palun vaadake osa Põrgu)!

Seega ütles Jeesus Markuse 9:43: *„Ja kui su käsi sind ajab patustama, raiu ta ära! Sul on parem minna jalutuna ellu kui kahe jalaga olla visatud põrgusse, kus nende uss ei sure ja tuli ei kustu."*

Miks pidi armastuse Jumal tegema õudsa põrgu ja ilusa Taeva? Kui kurjadel inimestel lubada siseneda kohta, kus elavad need, kes on head ja armsad Jumala silmes, on see headele inimestele raske ja Taevas rüvetub kurjast. Lühidalt, Jumal tegi põrgu, sest Ta armastab inimolendeid ja tahab anda oma lastele vaid parimat.

Suure valge aujärje kohtumõistmine

Nii nagu põllumees külvab seemneid ja lõikab neid aasta aasta järel, on Jumal kasvatanud inimvaime sellest ajast kui Aadam aeti Eedeni aiast välja ja Ta teeb seda Jeesuse tagasitulekuni.

Jumal näitas oma tahet usu esiisadele Noale, Aabrahamile, Moosesele, Ristija Johannesele, Peetrusele ja apostel Paulusele. Täna kasvatab Ta jätkuvalt inimvaime jumalasulaste ja töötegijate kaudu. Ometi, nagu algusele järgneb vältimatult lõpp, ei kesta inimhingede kasvatamine igavesti.

2 Peetruse 3:8 öeldakse: *„Aga selle juures, mu armsad, ärgu*

jäägu teie eest varjule, et Isanda juures on üks päev nagu tuhat aastat ja tuhat aastat nagu üks päev." Nii nagu Jumal puhkas pärast kuuepäevast universumi loomist seitsmendal päeval, toimub ka Jeesuse tagasitulek, Uus Milleenium ja hingamispäeva aeg kuus tuhat aastat pärast Aadama sõnakuulmatust. Pärast seda lubab Jumal Suure valge aujärje kohtumõistmise kaudu nisul minna Taevasse ja viskab aganad põrgutulle.

Seetõttu ma palun Isanda Jeesuse Kristuse nimel, et te mõistaksite sügavalt Jumala ettehoolet ja armastust inimolendite kasvatamisel, elaksite õnnistatud elu ja austaksite Jumalat kirgliku taevalootusega.

Peatükk 3

HEA JA KURJA TUNDMISE PUU

- Aadam ja Eeva Eedeni aias
- Aadam oli oma vaba tahte tõttu
  sõnakuulmatu
- Patu palk on surm
- Miks pani Jumal Eedeni aeda teadmise
  puu?

Then the LORD God took the man and put him into the garden of Eden to cultivate it and keep it. The LORD God commanded the man, saying, „From any tree of the garden you may eat freely; but from the tree of the knowledge of good and evil you shall not eat, for in the day that you eat from it you will surely die."

Genesis 2 :15-17

Need, kes ei tunne Looja Jumala suurt armastust ja Tema sügavat ja põhjatut ettehoolet oma tõeliste laste kasvatamisel, võivad küsida: „Miks Jumal pani Eedeni aeda hea ja kurja tundmise puu?" „Miks Ta lasi esimesel inimesel minna hävingu teed?" Nad arvavad, et inimene ei oleks surnud ja elaks Eedeni aias õnnelikult edasi kui Jumal ei oleks sinna puud pannud.

Mõned neist isegi ütlevad asju nagu: „Jumal ei oleks ette teadnud, et Aadam sööb hea ja kurja tundmise puust", kuna nad ei usu Jumala kõiketeadlikkust ja kõikvõimsust. Kas Ta pani puu Eedeni aeda, sest Tal puudus arusaamine ja Ta ei teadnud Aadama tulevasest sõnakuulmatusest? Või kas Jumal pani puu sinna eesmärgiga ja juhtis inimese surma teele? Muidugi mitte!

Aga miks siis Jumal pani hea ja kurja tundmise puu keset Eedeni aeda? Miks Aadam ei olnud Jumala käsule kuulekas ja suundus surma teele?

Aadam ja Eeva Eedeni aias

Jumal lõi inimese maapõrmust ja hingas tema sõõrmetesse eluõhku ja inimesest sai elusolend (1. Moosese raamat 2:7). Elusolend on vaimne olend, kellel puudub igasugune teadmine tema algupärase loomise kohta. Kasutame lihtsat näidet.

Vastsündinud lapsel puudub tarkus ja teadmine. Imiku ajus on mälusüsteem, kuid ta ei ole kunagi midagi näinud, kuulnud ja talle ei ole midagi õpetatud. Seega saab imik vaid instinktiivselt käituda.

Samamoodi puudus ka Aadamal vaimne tarkus ja teadmine selle kohta, millal temast sai elusolend.

Aadam õppis Jumalalt teadmisi elu kohta

Jumal rajas aia idasse, Eedenisse ja seadis Aadama sinna. Jumal ise andis Aadamale teadmisi elust ja tarkust, ja jalutas temaga, et anda Aadamale kontroll Eedeni aia üle valitsemiseks.

1. Moosese 2:19 on kirjas: *„Ja Isand Jumal valmistas mullast kõik loomad väljal ja kõik linnud taeva all ning tõi inimese juurde, et näha, kuidas tema neid nimetab. Ja kuidas inimene iga elavat olendit nimetas, nõnda pidi selle nimi olema."* Aadamal oli piisavalt elutarkust, et kõigi asjade üle valitseda.

Samuti arvas Jumal, et Aadamal ei olnud hea üksinda elada. Seega tõi Jumal tema üle raske une, et talle sobiv abistaja teha. Jumal võttis inimese magamise ajal ühe tema küljeluudest ja sulges selle lihaga. Siis lõi Ta mehest väljavõetud küljeluust naise ja tõi ta mehe juurde. Jumal ühendas mehe ja naise ja neist sai üks liha (1. Moosese raamat 2:20-22).

See ei sündinud, kuna Aadam tundis end üksikuna, vaid kuna Jumal oli olnud üksinda pika aja jooksul enne aegade algust ja teadis, mis on üksindus. Jumala suur armastus ja arm panid Ta Aadamale abilist tegema ja Ta, teades Aadama olukorda juba ette, õnnistas meest ja tema naist, et nad oleksid viljakad, edeneksid ja täidaksid maa.

Aadama pikk elu Eedeni aias

Kui kaua siis Aadam elas oma naise Eevaga Eedeni aias? Piiblis ei arutleta seda üksikasjalikult, kuid te peate teadma, et nad elasid seal palju kauem kui suurem osa inimestest arvab.

Piiblis räägitakse kõigist neist tõikadest vaid mõnes salmis. Seega paljud inimesed arvavad, et Aadam sõi keelatud vilja ja suundus hävingu suunas varsti pärast seda kui Jumal ta Eedeni aeda pannud oli. Mõned küsivad: „Piiblis öeldakse, et inimkonna ajalugu on kuue tuhande aastane, kuid kuidas te võite seletada paljusid fossiile, mis on mitmesaja tuhande aasta vanused?"

Inimese arengu ajalugu on Piiblis umbes kuuetuhande aasta vanune, alates ajast kui Aadam ja Eeva aeti Eedenist välja. See ei sisalda pikka ajavahemikku, mille ajal nad elasid Eedeni aias. Pika ajaperioodi jooksul toimusid suured geoloogilised ja geograafilised muudatused nagu maakoore reaktsioon ja maa peal leidsid aset mitu paljunemise ja väljasuremise tsüklit. 1. peatükis räägitu alusel kinnitavad seda paljud fossiilid.

Nii nagu Jumal õnnistas Aadamat ja tema naist 1. Moosese raamatu 1:28 alusel, elas esimene inimene Aadam enne pattulangemist kaua aega Jumalaga ja sai palju lapsi ja täitis Eedeni aia. Kogu loodu isandana allus Aadamale maa samamoodi nagu Eedeni aed ja ta valitses selle üle.

Aadam oli oma vaba tahte tõttu sõnakuulmatu

Jumal andis Aadamale ja Eevale vaba tahte ja lasi neil nautida Eedeni aia küllust ja rõõmu. Kuid Jumal keelas ühe asja. Jumal andis neile käsu mitte süüa hea ja kurja tundmise puust.

Kui Aadam oleks aru saanud Jumala südame sügavusest ja oleks Teda tõeliselt armastanud, ei oleks ta keelatud vilja söönud, sest ta teadis, mida Jumal oli käskinud. Aga ta ei täitnud seda erikäsku, sest ta ei armastanud Jumalat tõeliselt.

Jumal pani Eedeni aeda hea ja kurja tundmise puu ja kehtestas Jumala ja inimese vahelise range seaduse. Ta lasi inimesel vabatahtlikult seda käsku pidada. Ta tegi seda niimoodi, kuna Ta tahtis omale tõelisi lapsi, kes kuuletuksid Talle kogu oma südamepõhjast.

Aadam eiras Jumala Sõna

Piiblis lubab Jumal sageli õnnistusi neile, kes kuuletuvad kõigile Tema käskudele ja võtavad kuulda kogu Tema Sõna (5. Moosese raamat 15:4-6, 28:1-14). Aga kes täidab kõiki Tema käske? Isegi Piiblis tunnistatakse, et maailmas on ainult mõned inimesed, kes seda suudaksid. Jumal õpetas esimesele inimesele Aadamale, et tal on igavene elu ja õnnistused niikaua kuni ta Jumalale kuulekas on, kuid sõnakuulmatuse korral lõpetaks ta igavese surmaga. Jumal hoiatas teda, et ta ei sööks hea ja kurja tundmise puust.

Aga Aadam ja Eeva eirasid Jumala käsku ja sõid keelatud vilja.

Saatan püüdis segada Jumala algset tõeliselt vaimsete laste kasvatamise plaani. Viimaks õnnestus Saatanal neid ahvatleda vilja sööma mao kaudu, kes oli teistest loomadest väljal kavalam (1. Moosese raamat 3:1). Aadam ja Eeva olid Jumala käsule sõnakuulmatud. Kuidas siis Aadam oli Jumala käsule sõnakuulmatu, kuigi ta oli elav vaim ja Jumal oli talle ainult tõde õpetanud?

1. Moosese raamatust 2:15 me näeme, et Jumal tegi Aadama, et ta oleks peremees ja hoolitseks Eedeni aia eest. Aadam sai Jumalalt väe ja meelevalla, et aeda valitseda ja valvata. Jumal pani teda seda valvama, et vaenlane kurat ja saatan sinna sisse ei murraks. Sellest hoolimata õnnestus saatanal madu oma kontrolli alla saada ja mao kaudu Aadamat ja Eevat ahvatleda. Kuidas oli see võimalik?

Sõnas on saatan õhuvalda valitsev kuri vaim. Saatanal ei ole kuju. Efeslastele 2:2 viidatakse saatanale kui õhuvalla vürstile, vaimule, kes on nüüd tegev sõnakuulmatute laste seas.

Kuna saatan on õhus levivate raadiolainete sarnane, võib ta kontrollida Aadama ja Eeva ahvatlemiseks madu Eedeni aias. 1. Moosese raamatu 1. peatükis on korduvalt näha teatud fraasi. Iga loomise päeva lõpuks kordab Piibel: „Ja Jumal nägi, et see oli hea." Seda fraasi ei öeldud teisel päeval kui tehti laotus.

Taas räägitakse Efeslastele 2:2 ajast, „*milles te varem käisite selle maailma ajastu viisil, vürsti viisil, kellel on meelevald õhus, vaimu viisil, kes nüüdki on tegev sõnakuulmatute laste seas.*" Jumal teadis ette, et kurjadel vaimudel on meelevald õhuvalla üle.

Eeva langes mao ahvatluse küüsi

Madu on lihtsalt üks välja loomadest. Kuidas tal õnnestus ahvatleda Eevat Jumala käsust üle astuma?

Eedeni aias võisid inimesed suhelda kõikide elusolenditega nagu lilled, puud, linnud, loomad ja nii edasi. Eeva võis samuti maoga suhelda. Algselt inimesed armastasid madusid ja said nendega hästi läbi, erinevalt tänapäevast. Nad olid nii siledad, puhtad, pikad, ümarad ja targad, et Eeva võis nende vastu poolehoidu tunda. Nad tundsid teda hästi ja olid talle meeltmööda. Samamoodi on koertega, keda omanikud soosivad, kuna nad on targemad ja saavad igasugustest teistest loomadest paremini aru.

Kuid paljud inimesed ütlevad: „Maod on hirmsad, mürgised ja vastikud." Nad tunnevad madude suhtes peaaegu instinktiivselt vastumeelsust, kuna maod on need, kes petsid esimest inimest Aadamat ja tema naist Eevat, et nad käsule ei kuuletuks ja survasid nad surma teele.

Mao loomuse mõistmiseks tuleb teada algse maapinna iseloomu. Igas pinnases on erinevad koostisosad ja erinevas vahekorras ühendid. Vastavalt mulda lisatud elementidele, võib muld muutuda kas heaks või halvaks. Kui Jumal lõi igasugused väljaloomad ja linnud, kes taevalaotuses lendasid, valis Ta iga looma jaoks sobiva pinnase (1. Moosese raamat 2:19).

Jumal ei teinud madu esialgselt salakavalaks. Jumal tegi ta piisavalt targaks, et inimesed teda armastaksid. Kuid madu muutus salalikuks pärast seda kui kuri loomus tema läbi ilmsiks tuli. Kui madu ei oleks saatana häält kuulda võtnud, vaid oleks üksnes Jumala tahet teoks teinud, oleks temast saanud tark ja hea loom. Kuna ta kuuletus ja täitis saatana öeldut, sai aga maost salalik loom, kelle pettuse läbi lõpetas Eeva surmaga.

Kuna Eeva muutis Jumala Sõna

Madu teadis, mida Jumal oli Aadamale öelnud: „*Kõigist aia puudest sa võid küll süüa, aga hea ja kurja tundmise puust sa ei tohi süüa, sest päeval, mil sa sellest sööd, pead sa surma surema*" (1. Moosese raamat 2:16-17). Seega küsis madu Eevalt kavalalt: „Kas Jumal on tõesti öelnud, et te ei tohi süüa ühestki rohuaia puust'?" (1. salm)
Kuidas Eeva vastas maole?

> *Me sööme küll rohuia puude vilja, aga selle puu viljast, mis on keset aeda, on Jumal öelnud: „Te ei tohi sellest süüa ega selle külge puutuda, et te ei sureks." (1.Moosese raamat 3:2-3).*

Jumal hoiatas Aadamat selgesti: „*Aga hea ja kurja tundmise puust sa ei tohi süüa, sest päeval, mil sa sellest sööd, pead sa surma surema!*" (1. Moosese raamat 2:17). Ta rõhutas, et nad ei oleks kunagi elus, kui nad puust sööksid. Kuid Eeva vastus ei olnud nii ilmselge. Ta vastas vaid ebaselgelt: „Te surete." Ta jättis ütlemata sõna „kindlasti." Teiste sõnadega ta mõtles: „Kui te sööte keelatud vilja, te võite surra või siis mitte."
Ta ei pidanud Jumala käsku meeles ja kahtles veidi Jumala Sõnas. Kui madu oli tema ebaselget ja kahtlevat vastust kuulnud,

kiirustas ta teda veel tugevamalt kiusama. Ta väänas isegi Jumala käsku. Madu ütles naisele: „Te ei sure kindlasti mitte." Ta hakkas muutma Jumala käsku ja julgustas naist: *„Aga Jumal teab, et päeval, mil te sellest sööte, lähevad teie silmad lahti ja te saate Jumala sarnaseks, tundes head ja kurja."* (1. Moosese raamat 3:5). Ta ahvatles teda jälle, õhutades tema uudishimu isegi veel rohkem.

Eeva oli vabast tahtest sõnakuulmatu

Pärast seda, kui saatan õhutas oma vale mõttega naises patused soovid, näis puu talle erinev sellest, millisena ta seda varem oli pidanud. 1. Moosese raamatus 3:6 öeldakse: *„Ja naine nägi, et puust oli hea süüa, ja see tegi ta silmadele himu, ja et puu oli ihaldusväärne, sest see pidi targaks tegema. Siis ta võttis selle viljast ja sõi ning andis ka oma mehele, ja tema sõi."*

Ta oleks pidanud mao kiusatuse otsustavalt ja täielikult eemale tõrjuma. Patuse inimese ihad, silmahimu ja elukõrkus neelasid ta ja ajasid ta sõnakuulmatuse pattu tegema.

Mõned ütlevad: „Kas Aadam ja Eeva ei söönud mitte hea ja kurja tundmise puust, kuna nende sees oli ‚patuloomus?'" Enne sõnakuulmatust ei olnud neis patuloomust, vaid ainult headus. Neil oli nende vaba tahe, millega nad oleksid võinud Jumala käsu vastu minnes kas süüa või mitte süüa keelatud vilja.

Aja möödudes jätsid nad Jumala käsu unarusse. Siis kiusas saatan neid mao kaudu ja nad allusid kiusatusele. Sel moel tuli nende läbi patt ja nad astusid üle Jumala kehtestatud korraldusest.

Samamoodi on lood laste kurjaks kasvamisega. Isegi laps, kes on kuri oma tegudes ja sõnades, ei ole alati sünnist saadik nii halb ega kuri olnud. Esiteks matkib ta teiste laste labaseid sõnu või kirumist, teadmata nende tähendust. Või ta võib jäljendada poissi, kes lööb teist ja nautida teiste poiste löömist ja nende nutmahakkamise nägemist. Nii lööb ta korduvalt teisi ja kuri saab alguse ja kasvab tema sees.

Samuti ei olnud Aadamal algusest peale patuloomus. Kui ta oli Jumalale sõnakuulmatu ja sõi oma vabast tahtest puust, sai patt alguse ja kuri rajati temas.

Patu palk on surm

Nii nagu Jumal ütles Aadamale: „Sa ei tohi hea ja kurja tundmise puust süüa, sest päeval, mil sa sellest sööd, pead sa surma surema." Aadam ja Eeva surid kindlasti pärast puust söömist. Jakoobuse 1:15 öeldakse: „*Kui seejärel himu on viljastunud, toob ta ilmale patu, aga täideviidud patt sünnitab surma.*"

Roomlastele 6:23 õpetatakse teile vaimuriigi seadusest patu tagajärje kohta: „Patu palk on surm." Vaatame, kuidas surm tuli Aadama ja Eevani nende sõnakuulmatuse tõttu.

Nende vaimu surm

Jumal ütles Aadamale selgelt: „*Hea ja kurja tundmise puust sa ei tohi süüa, sest päeval, mil sa sellest sööd, pead sa surma surema.*" Ometi ei surnud nad kohe pärast Jumala käsule mitte kuuletumist. Nad elasid väga kaua ja neile sündis veel palju lapsi. Missuguse „surma" eest siis Jumal hoiatas?

Ta ei pidanud silmas nende ihulikku surma, vaid nende vaimusurma. Inimesed on loodud vaimuga, mis võib Jumalaga suhelda, hingega, mis on vaimu teenriks ja ihuga, kus nende vaim ja hing elavad. 1 Tessalooniklastele 5:23 öeldakse, et inimesed koosnevad vaimust, hingest ja ihust. Kui Aadam ja Eeva ei kuuletunud Jumala käsule, suri nende vaim - inimese peremees.

Jumal on veatu ja laitmatu ja püha, kes elab ligipääsmatus valguses, seetõttu patused ei saa Temaga olla. Aadam võis Jumalaga suhelda ajal kui tal oli elav vaim, kuid pärast seda kui tema vaim patu tõttu suri, ei saanud ta enam Jumalaga suhelda.

Vaevarohke elu algus

Eedeni aed oli väga külluslik ja ilus koht, kus polnud muret ega ärevust ja Aadam ning Eeva võisid seal elada igavesti, süües elupuust. Kuid pärast pattulangemist aeti nad Eedeni aiast välja. Sellest ajast said alguse nende mured ja raskused.

Naise jaoks muutus laste sünnitamine valusaks. Ta himustas oma meest ja tema abikaasa hakkas tema üle valitsema. Alles pärast seda kui inimene haris neetud maad karmi vaevanägemisega, võis ta sellest süüa kõik tema elupäevad (1. Moosese raamat 3:16-17).

Jumal ütles Aadamale 1. Moosese raamatus 3:18-19: „*Ta peab sulle kasvatama kibuvitsu ja ohakaid, ja põllutaimed olgu sulle toiduks! Oma palge higis pead sa leiba sööma, kuni sa jälle mullaks saad, sest sellest oled sa võetud!"* Nende salmidega peab Jumal silmas, et inimene peab naasma peotäie maapõrmu juurde.

Kuna kogu inimsoo esiisa Aadam tegi sõnakuulmatuse pattu ja tema vaim suri, sünnivad kõik tema järeltulijad patustena ja lähevad surma teed.

Roomlastele 5:12 on kirja pandud Aadama püsiv pärand: *„Seega, nii nagu üheainsa inimese kaudu on patt tulnud maailma ja patu kaudu surm, nõnda on ka surm tunginud kõikidesse inimestesse, kuna kõik on pattu teinud."*

Kõik inimesed sündisid pärispatuga

Jumal teeb võimalikuks, et inimesed võivad olla viljakad ja muutuda arvukamaks eluseemnetega, mida Ta annab neile kui Ta neid valmistab. Inimesed eostatakse Jumala poolt igale mehele ja naisele eluseemneteks antud sperma ja munaraku ühinemise teel. Kuna spermal või munarakul on iga vanema omadused, sarnaneb sperma ja munaraku ühinemise teel eostatud imik oma vanematele välimuse, iseloomu, maitsemeele, harjumuste, eelistuste, rühi ja muu poolest.

Sel moel anti Aadama patune loomus pärast Aadama – kõigi inimeste esiisa patustamist – tema kõigile järeltulijatele edasi. Seda kutsutakse „pärispatuks." Aadama järglased sündisid pärispatuga. Seega on kõik inimesed vältimatult patused.

Mõned uskmatud kurdavad: „Miks või kuidas küll ma olen patune? Ma ei ole pattu teinud." Või teised küsivad „Kuidas saab

Aadama pattu mulle edasi pärandada?"

Vaatame näiteks last. Imetaval emal on laps, kes ei ole veel aastane. Ta toidab rinnaga oma lapse nähes teist last. Väikelaps läheb väga tõenäoliselt endast välja ja püüab imikut eemale lükata. Kui ema ei lakka teist last imetamast või imik ei lõpeta tema rinna imemist, võib tema laps ema või teist last lükata või lüüa. Kui ema jätkab imikule piima andmist, võib tema laps nutma hakata.

Isegi kui keegi ei ole õpetanud väikelapsele kadedust, armukadedust, vihkamist, ahnust või löömist, olid tal need kurjad asjad peas sünnist saadik. See fakt selgitab, et inimesed sündisid vanematelt päritud pärispatuga.

Kui palju enam teeb iga inimene pattu kogu oma eluaja jooksul? Te peate aru saama, et Jumala ees, kes on valgus ise, ei ole patuks vaid patused teod, vaid ka igasugune kurjus inimese mõtetes. Jumal tajub ja näeb mõtetes kurjust nagu vihkamine, ahnus, hukkamõist ja nii edasi.

Seega räägitakse meile Piiblis, et kedagi ei mõisteta Jumala ees õigeks Seaduse tegude tõttu ja kõik on pattu teinud ja ilma jäänud Jumala aust (Roomlastele 3:20, 23).

Ei neetud üksnes inimest, vaid ka kõiki asju

Kui Aadam, kes oli kõigi asjade isand, tegi pattu ja langes needuse alla, neeti temaga ka maa ja kõik kariloomad, väljaloomad ja linnud taeva all. Sellest ajast saadik tekkisid kahjulikud ja mürgised putukad nagu kärbsed ja sääsed, mis levitavad igasuguseid haigusi.

Maa hakkas tootma ogasid ja ohakaid ja inimesed võisid taimi koristada ainult raske töö ja vaevanägemisega. Inimesed olid sunnitud seisma silmitsi pisarate, kurbuse, valu, haiguste, surma ja sarnased, kuna nad olid selle maa peal neetud.

Seega on Roomlastele 8:20-22 kirjas: *„Loodu on ju allutatud kaduvusele – mitte vabatahtlikult, vaid allutaja poolt –, kuid ometi lootusega, et ka loodu ise vabastatakse kord kaduvuse orjusest Jumala laste kirkuse vabadusse. Me ju teame, et kogu loodu ägab üheskoos sünnitussvaludes tänini."*

Kuidas siis madu neeti? 1. Moosese raamatus 3:14, Jumal ütles kavalale maole, mis ahvatles inimesi patustama: *„Et sa seda tegid, siis ole sa neetud kõigi koduloomade ja kõigi metsloomade seas! Sa pead roomama oma kõhu peal ja põrmu sööma kogu eluaja!"* Kuid maod ei söö põrmu, vaid elusolendeid nagu linde, konni, hiiri või putukaid. Jumal ütles selgelt: *„Ja põrmu pead sa sööma kogu eluaja!"* Kuidas seda salmi tuleks tõlgendada?

„Põrm" sümboliseerib siin „inimesi, kes on tehtud mullast" (1. Moosese raamat 2:7) ja „madu" tähistab vaenlast kuradit ja saatanat (Johannese ilmutus 20:2). *„Ja põrmu pead sa sööma kogu eluaja"* sümboliseerib, et saatan ja kurat neelab inimesi, kes ei ela Jumala Sõna alusel, vaid käivad pigem pimeduses.

Isegi Jumala lastel on raskusi ja vaeva, mida saatan ja kurat toob kui nad teevad kurja ja patustavad Jumala tahte vastaselt. Täna käib saatan ja kurat ringi nagu möirgav lõvi, kes otsib, keda neelata (1. Peetruse 5:8). Kui ta kellegi leiab, orjastab ta selle inimese patuneeduse alla ja veab ta hukatuse teele. Kui võimalik, püüab ta isegi Jumala lapsi ahvatleda.

Saatan ja kurat kiusab neid, kes ütlevad: „Ma usun Jumalat," kuid ei ole kindlad Jumala Sõnas ja viib nad surma teele. Tavaliselt püüab saatan ja kurat sind kiusata nende läbi, kes on sulle kõige lähemal nagu abikaasa, sõber ja sugulased – samamoodi nagu Eevat kiusati mao kaudu, kes oli üks tema armastatumaid lemmikloomi.

Näiteks võib su abikaasa või sõber küsida: „Kas sulle ei piisa sellest, et sa käiksid ainult pühapäevahommikusel teenistusel? Kas sa pead alati käima ka pühapäevaõhtusel teenistusel?" või „Kas sa pead alati endast parimat andma, et iga päev koos käia?" „Jumal tajub ja teab isegi sinu südamesügavusi, kuna ta on kõiketeadev ja kõikvõimas. Kas sa pead alati ilmtingimata kisendades palvetama?"

Jumal käskis sul pidada hingamispäeva ja seda pühitseda (2. Moosese raamat 20:8), koguduse kooskäimisi mitte unarusse jätta (Heebrealastele 10:25) ja palves hüüda (Jeremija 33:3). Saatan ei saa kiusata ega panna patustama neid, kes elavad täielikult Jumala Sõna alusel (Matteuse 7:24-25).

Nii nagu öeldakse Efeslastele 6:11, *„Pange ülle Jumala sõjavarustus, et te suudaksite seista kuradi salanõude vastu,"* peate te end varustama Jumala Tõe Sõnaga ja ajama oma vaenlase kuradi ja saatana julgelt usu kaudu minema.

Miks pani Jumal Eedeni aeda teadmise puu?

Jumal pani hea ja kurja tundmise puu Eedeni aeda mitte selleks, et ajada inimesi hukatusse, vaid selleks, et anda neile tõelist õnne. Paljud inimesed ei saa aru Tema sügavast plaanist ja mõistavad vääriti Jumala armastust ja õiglust ja isegi ei usu Jumalasse. Nad elavad igavat ja elutut elu ning ei leia oma elu tõelist eesmärki.

Miks siis Jumal pani hea ja kurja tundmise puu Eedeni aeda ja miks see toob teile suuri õnnistusi?

Aadam ja Eeva ei tundnud tõelist õnne

Eedeni aed oli väga ilus ja nii külluslik, et seda on raske ette kujutada. Jumal lasi maast tõusta kõiksugu puid, mis olid armsad pealtnäha ja millest oli hea süüa, ja elupuu keset aeda, ning hea ja kurja tundmise puu (1. Moosese raamat 2:9).

Miks siis Jumal pani hea ja kurja tundmise puu ja elupuu aia keskele, et see oli hästi nähtav? Jumal ei kavatsenud kunagi neid ajada hävingu teele, ahvatledes neid puust sööma. Seal oli tegemist Jumaliku ettehooldega, et me mõistaksime suhtelisust hea ja kurja tundmise puu kaudu ja saaksime Tema tõelisteks vaimulasteks, kes tunnevad Tema südant.

Kui inimesed kogevad pisaraid, kurbust, vaesust või haigusi, võivad nad mõelda, et Aadam ja Eeva olid Eedeni aias tõenäoliselt väga õnnelikud, kuna nad ei tundnud vaeva nagu pisaraid, kurbust, vaesust ega selle maailma tõbesid. Kuid inimesed ei tundnud Eedeni aias tõelist õnne ega tõelist armastust, sest nad ei olnud kogenud suhtelisust.

Vaatame näidet. On kaks poissi. Üks sündis ja kasvas vaesuses, aga teine rikkuses ja talle meeldis see. Kui neile mõlemile anda kingiks väga kallis mänguasi, siis kuidas nad mõlemad reageerivad sellele? Üheltpoolt, see poiss, kes kasvas rikkana, ei ole nii tänulik, kuna ta tunneb harva mänguasja väärtust. Teiselt poolt, teine poiss, kes kasvas vaesena, on väga tänulik ja peab mänguasja väga hinnaliseks.

Tõeline õnn tuleb suhtelisuse kaudu

Samamoodi tunnevad ja naudivad tõelist õnne või tõelist vabadust need, kes kogevad suhtelisi vabaduse ja küllusega seotud asju. Erinevalt Eedeni aiast on selles maailmas palju suhtelisi asju. Kui te tahate teada ja tunda heameelt millegi tõelise väärtuse üle, peate te kogema selle suhtelisust. Te ei saa selle tõelist väärtust täielikult mõista kui te ei koge selle vastandkülgi.

Näiteks kui te soovite tunda tõelist õnne, peate te kogema kurbust. Kui te soovite teada tõelise armastuse väärtust, peate te kogema vihkamist. Te ei saa mõista oma tervise väärtust täielikult kuni te tunnete valu haiguste või halva tervise tõttu. Te ei mõista igavese elu väärtust ja ei ole tänulik Isa Jumalale, kes valmistab hea taeva, kui te ei mõista surma ja põrgu kindlat olemasolu.

Esimene inimene Aadam tundis naudingut kõigest, mida ta süüa soovis ja tal oli meelevald Eedeni aias kõikide asjade valitsemiseks. Ta sai selle kõik ilma vaevanägemise ja töörügamiseta. Sel põhjusel ei näidanud ta välja oma tänulikkust Jumala vastu, kes andis selle kõik ja ta ei tundnud oma südames Tema armu ega armastust.

Hiljem rikkus Aadam vilja süües Jumala käsku. Ta oli elav vaim kuni selle hetkeni, kuid pärast pattulangemist suri tema vaim ja temast sai lihalik inimene. Tema ja ta naine aeti Eedeni aiast välja ja nad hakkasid selle maa peal elama. Ta hakkas taluma seda, mida ta Eedeni aias kunagi varem ei kogenud: pisaraid, kurbust, haigusi, valu, ebaõnne, surma ja nii edasi. Viimaks koges ta kõike, mis oli Eedeni aia õnnelikkuse vastand.

Sellises protsessis võisid Aadam ja Eeva mõista ja tunda, missugune oli õnn või õnnetus ja kui hinnaline oli Jumalalt Eedeni aias olemise ajal saadud vabadus ja küllus.

Teie elu on tähenduseta kui te elate igavesti, ent ei tea, mis on õnn ja õnnetus. Isegi kui teil on nüüd raskusi, on teie elu väärtuslikum ja tähendusrikkam kui te võite hiljem tõelist õnne tunda.

Näiteks, isegi kui vanemad eeldavad, et nende lapsed näevad õppimise kallal vaeva, lasevad nad neil koolis käia. Kui nad armastavad oma lapsi, on vanemad valmis neid aitama palju õppida või palju häid asju kogeda. Samasugune süda on Isa Jumalal, kes saatis inimesed siia maailma ja kasvatab neist igasuguste kogemuste kaudu oma tõelisi lapsi.

Sel põhjusel pani Jumal Eedeni aeda hea ja kurja tundmise puu ja ei takistanud Aadamal ja Eeval sellest vabatahtlikult süüa. Ta planeeris kõik asjad, et inimesed kogeksid igasugust selles maailmas olevat rõõmu, viha, kurbust ja heameelt ja saaksid inimese arengu teel Tema tõelisteks lasteks.

Valusate kogemuste kaudu võisid nad viimaks oma südame sügavusest mõista iga taolise asja tõelist väärtust ja tähendust.

Kuna nad teadsid ja tundsid tõelist õnne inimese arengu kaudu, ei reeda Jumala lapsed enam Jumalat, nii nagu Aadam tegi Eedeni aias, hoolimata sellest kui kaua aega möödub. Selle asemel armastavad nad Teda rohkem ja tugevamini, saavad täis rõõmu ja tänu ja annavad Talle rohkem au.

Tõeline õnn Taevas

Jumala lapsed, kes on selles maailmas kogenud pisaraid, kurbust, valu, tõbesid, surma ja nii edasi, sisenevad igavesse Taevasse ja naudivad seal igavest õnne, armastust, rõõmu ja tänu. Nad tunnevad Taevas täielikust õnnest rõõmu.

Selles lihalikus maailmas kõik roiskub ja sureb, kuid igaveses taevariigis ei ole roiskumist, surma, pisaraid ega kurbust. Selles maailmas peetakse kulda kõige kallimaks, kuid kõik taevase Uue Jeruusalemma teed on tehtud puhtast kullast. Taevased majad on tehtud väga ilusatest ja hinnalistest kalliskividest. Kui imelised ja ilusad nad on!

Ma pidasin kulda ja vääriskive kõige hinnalisemaks, kuni ma kohtusin Jumalaga, aga kui ma sain teada igavesest taevast, hakkasin ma kõike selles maailmas tühiseks ja väärtusetuks pidama. Selle maailma elu on hetk igavese maailmaga võrreldes. Kui te tõesti usute ja loodate igavesse taevasse, ei armasta te kunagi seda maailma. Selle asemel mõtlete te vaid, mida te peaksite ja saaksite teha, et veel üks inimene päästetud saaks või kuidas kuulutada evangeeliumi kõikidele inimestele kogu maailmas. Te kogute endale tasu taevasse, andes oma parimad annid kogu oma südamest Jumalale, püüdmata koguda omale siinset maapealset vara.

Apostel Paulus võis oma karmi teekonna rõõmu ja tänuga lõpetada, kuna ta nägi Jumalalt saadud nägemuses kolmandat taevast. Ta pidi taluma tohutuid raskusi paganate apostlina. Jumal näitas talle Taeva suurt ilu ja julgustas teda taevalootuses oma teekonda lõpetama. Teda peksti keppidega, piitsutati tugevasti, pilluti kividega, vangistati tihti ja ta valas oma verd Isanda evangeeliumi kuulutades. Sellest hoolimata teadis Paulus, et taevas saavad kõik need asjad kirjeldamatult suure tasu. Lõpuks tõid kõik tema raskused suured taevased õnnistused.

Jumala inimesed ei looda selle maailma peale. Nad igatsevad üksnes taevariiki. Jumala silmes on see maailm üürikene, kuid taevariigi elu kestab igavesti. Taevas ei ole pisaraid ega kurbust, kannatust ega surma. Seega saavad nad alati elada rõõmuga, lootes suurt tasu, mille nad Jumalalt taevas saavad vastavalt sellele, mida nad külvasid või tegid.

Seega ma palun meie Isanda Jeesuse Kristuse nimel, et te mõistaksite Looja Jumala suurt armastust ja ettehoolet ja valmistuksite Taevasse minekuks, et teil võiks olla igavene elu ja tõeline õnn hämmastavalt ilusas ja aulises taevas.

Peatükk 4

Enne aegade algust varjulolnud saladus

- Aadama meelevald anti kuradile üle
- Maa lunastamisseadus
- Enne aegade algust varjulolnud saladus
- Jeesus kvalifitseerub seaduse alusel

Tarkusest me kõneleme täiuslike seas; ent mitte praeguse ajastu ega selle kaduvate valitsejate tarkusest, vaid me kõneleme Jumala saladusse peidetud tarkusest, mille Jumal on ette määranud meie kirkuseks enne ajastuid. Ükski praeguse ajastu valitsejatest ei ole seda ära tundnud, sest kui nad seda oleksid tundnud, ei oleks nad kirkuse Isandat risti löönud.

1. Korintlastele 2:6-8

Madu kiusas Aadamat ja Eevat Eedeni aias, nad läksid Jumala käsu vastu ja sõid hea ja kurja tundmise puust, sest nad soovisid oma meeles olla Jumala sarnased. Selle tulemusel muutusid nemad ja kõik nende järglased patusteks.

Inimlikust vaatenurgast arvatakse, et Aadam ja Eeva olid õnnetud, sest nad aeti Eedeni aiast välja ja nad pidid minema surma teed. Kuid vaimselt rääkides on see hämmastav Jumala õnnistus, kuna nad saavad kogeda Jeesuse Kristuse kaudu pääsemist, igavest elu ja taevaseid õnnistusi.

Inimese kasvamise kaudu ilmutati teie auks enne aegade algust varjulolnud saladus ja pääsemise tee avanes pärani kõikide rahvaste jaoks. Süveneme rohkem sellesse saladusse, mis on olnud varjul enne aegade algust ja sellesse, kuidas pääsemise tee avanes.

Aadama meelevald anti kuradile üle

Luuka 4:5-6 näeme me kuradit kiusamas Jeesust, kes oli just lõpetanud neljakümne päevase paastu:

Ja kurat viis Tema kõrgele, et näidata Talle ühe hetkega kõiki maailma kuningriike. Ja kurat ütles

Talle: „Ma tahan anda sulle meelevalla kõigi nende üle ja nende hiilguse, sest see on minu kätte antud ja mina võin selle anda, kellele ma iganes tahan."

Kurat ütles, et ta annaks Jeesusele meelevalla, sest keegi oli talle selle andnud. Miks Jumal, kes valitses kõike, lubas kuradile kogu meelevalda anda?

1. Moosese 1:28 öeldakse: *„Ja Jumal õnnistas neid, ja Jumal ütles neile: ,Olge viljakad ja teid saagu palju, täitke maa ja alistage see enestele; ja valitsege kalade üle meres, lindude üle taeva all ja kõigi loomade üle, kes maa peal liiguvad.'"*

Jumal andis Aadamale meelevalla ja väe kõigi asjade juhtimiseks ja valitsemiseks. Ta oli kõige peremees, kuid pärast pika aja möödumist pettis kaval madu teda ja tema naist ja nad sõid hea ja kurja tundmise puust. Ta sooritas Jumalale sõnakuulmatuse patu.

Roomlastele 6:16 on kirjas: *„Eks te tea, et kelle kuulekusse teie end loovutate orjaks, kelle sõna te kuulate, selle orjad te olete – olgu patu orjad surmaks või kuulekuse orjad õiguseks?"* Te olete kas patu või õiguse ori. Kui te teete pattu, olete te patu ori ja lõpetate surmaga. Aga kui te kuuletute õiguse sõnale, olete te õiguse ori ja lähete taevariiki.

Aadam tegi Jumala vastu sõnakuulmatuse pattu ja temast sai patu ori. Seega tal ei olnud enam kogu meelevalda ja väge, mille Jumal talle andis. Ta pidi meelevalla ja väe kuradile loovutama samamoodi nagu orja omand kuulub tema peremehele. Lühidalt, Aadam andis oma Jumalalt saadud meelevalla ja väe kuradile, sest ta tegi pattu ja temast sai patu ori.

Aadama sõnakuulmatuse tagajärjeks olid kõikide inimeste patud. Selle tulemusena teenisid nii tema kui ka kõik tema järglased orjadena kuradit ja nad mõisteti surma.

Maa lunastamisseadus

Mida peavad inimesed tegema, et saada vabaks vaenlasest kuradist ja saatanast ja saada pattudest ja surmast päästetud? Mõned ütlevad: „Jumal armastab kõiki tingimusteta, sest Jumal on armastus. Tal on rohkelt kaastunnet ja halastust." Kuid 1. Korintlastele 14:40 öeldakse: *„Aga kõik sündigu viisakalt ja korra järgi."* Jumal teeb kõike korra järgi, vastavalt vaimse maailma seadusele. Jumal ei tee midagi vaimse maailma seaduse vastast, sest Ta on õiguse ja õigluse Jumal.

Vaimses riigis on patuste karistamiseks seadus, mis ütleb: *„Patu palk on surm."* Samuti on patuste lunastamiseks seadus. Seda vaimset seadust tuleks rakendada, et taastada meelevald, mille Aadam kuradile loovutas.

Milline on siis patuste lunastamise seadus? See on Vanasse Testamenti kirja pandud maa lunastamise seadus. Enne aja algust valmistas Isa Jumal selle seaduse järgi salaja inimese pääsemise tee.

Missugune on maa lunastamise seadus?

See on Jumala käsk Iisraeli rahvale 3. Moosese raamatus

25:23-25:

Maad ärgu müüdagu igaveseks, sest maa on minu päralt; sest te olete ju võõrad ja majalised minu juures! Aga kogu maal, mis on teie valduses, laske maad lunastada. Kui su vend jääb kehvaks ja müüb midagi oma maaomandist, siis tulgu lunastama see, kes temale on kõige lähem, ja lunastagu, mida ta vend on müünud.

Iga maatükk kuulub Jumalale ja seda ei tohi alatiseks müüa. Kui keegi müüs oma maa vaesuse tõttu, lubas Jumal tal või tema lähisugulasel maa tagasi osta. See oli maa lunastamise seadus.

Iisraeli rahvas koostas maalepingu tunnistuse maa lunastamise seaduse järgi, et maad müües ja ostes seda alatiseks ei müüdaks.

Müüja ja ostja panevad tunnistusse kirja maalepingu üksikasjaliku sisu, et müüja või tema lähisugulane saaks selle mingil ajal hiljem lunastada. Nad teevad sellest koopia ja kinnitavad pitseriga nende mõlema pitsatid kahel lepingul kahe või kolme tunnistaja ees. Üks leping pitseeritakse ja seda hoitakse püha templi laoruumis. Teist lepingut hoitakse sissepääsuruumis, avatult ja pitseerimata. Maa lunastamise seadus laseb müüjal ja tema lähimal sugulasel maad igal ajal lunastada.

Maa lunastamise seadus ja inimese pääsemine

Miks valmistas Jumal inimese pääsemise tee vastavalt maa

lunastamise seadusele? 1. Moosese raamatus 3:19 ja 23 öeldakse meile selgelt, et maa lunastamise seadus on otseselt seotud inimkonna pääsemisega:

Oma palge higis pead sa leiba sööma, kuni sa jälle mullaks saad, sest sellest oled sa võetud! Tõesti, sa oled põrm ja pead jälle põrmuks saama (1. Moosese raamat 3:19).

Siis saatis Isand Jumal tema Eedeni rohuaiast välja, et ta hariks maad, millest ta oli võetud (1. Moosese raamat 3:23).

Jumal ütles Aadamale pärast tema sõnakuulmatust: „*Sa oled põrm ja pead jälle põrmuks saama.*" Siin sümboliseerib „põrm" inimesi, kes on põrmust tehtud. Seega saavad inimesed pärast surma taas põrmuks.

Maa lunastamise seadus ütleb, et kogu maa kuulub Jumalale ja seda ei või igaveseks müüa (3. Moosese raamat 25:23-25). Need salmid tähendavad, et kõik maapõrmust tehtud inimesed kuuluvad Jumalale ja neid ei saa igaveseks müüa. See näitab ka, et Aadama Eedeni aias Jumalalt saadud meelevalda ja väge ei saanud igaveseks müüa, sest see kuulus Jumalale.

Aadama meelevald loovutati vaenlasele kuradile ja saatanale, kuid seda võis taastada see, kes oli sobiv seda kuradi käest tagasi võtma. Samamoodi määras õiguse Jumal täiusliku lunastaja vastavalt maa lunastamise seadusele. See lunastaja on kõigi inimeste Päästja.

Enne aegade algust varjulolnud saladus

Armastuse Jumal teadis enne aegade algust, et Aadam on talle sõnakuulmatu ja tema ja kõik ta järeltulijad lähevad surma teele. Ta valmistas salaja inimliku pääsemise tee ja hoidis seda varjul kuni Tema valitud aeg jõudis kätte.

Kui kurat oleks teadnud Jumala teed, oleks ta takistanud Jumalat kõigi inimeste pattu ja surma lahendamast, et ta ei oleks oma meelevalda kaotama pidanud. 1. Korintlastele 2:7 täheldatakse: „Vaid me kõneleme Jumala saladusse peidetud tarkusest, mille Jumal on ette määranud meie kirkuseks enne ajastuid."

Jeesus Kristus, Jumala tarkus

Roomlastele 5:18-19 öeldakse: *„Nõnda siis, nagu ühe üleastumise läbi tuli kõigile inimestele surmamõistmine, nii on ka selle ühe õigusteo läbi kõigile inimestele saanud õigekssaamine eluks. Sest otsekui tolle ühe inimese sõnakuulmatuse tõttu on paljud saanud patuseks, nõnda saavad ka selle ühe inimese kuulekuse läbi paljud õigeks."*

Kõik inimesed saaksid õigeks ja päästetud ühe inimese sõnakuulelikkuse kaudu, samamoodi nagu kõik inimesed said patusteks ja läksid surma teed ühe inimese sõnakuulmatuse tõttu.

Samamoodi saatis Jumal Jeesuse Kristuse, kelle Ta valmistas salaja pääsemise teeks ja lasi Jeesuse risti lüüa ja tõstis Ta taas surnuist elavaks. Sest ajast peale, kes iganes usub Temasse, on päästetud. 1. Korintlastele 1:18 ütleb Jumal meile: *„Jah, sõna ristist on narrus neile, kes hukkuvad, aga meile, kes päästetakse, on see Jumala vägi."*

Mõnedele tundub rumal, et Jumala loodud solvasid ja tapsid kõikvõimsa Jumala Poja. Kuid see „rumal" Jumala plaan on palju targem kui kõige targemad plaanid ja Jumala „nõrkus" on palju tugevam kui tugevaim inimlik jõud (1. Korintlastele 1:19-24). Piiblis öeldakse selgelt, et käsuseaduse täitmisest ei saa keegi Jumala ees õigeks. Aga Jumal avas pääsemise tee igaühele, kes usub Jeesust Kristust sel lihtsal moel.

Patu palk on surm. Seega ei oleks keegi saanud pääseda kui Jeesus poleks meie pattude eest surnud. Jeesus löödi meie pattude eest risti ja äratati Jumala väega taas ellu. Samuti valmistas Jumal tee, mis võib paista nõrk või rumal ja hoidis seda kaua aega varjul.

Jumal hoidis Jeesust Kristust ja Tema ristilöömist salajas, sest kui vaenlane kurat ja saatan oleks sellest teadnud, oleks ta takistanud inimese pääsemise teed. Kurat ei oleks kunagi tapnud ristil Jeesust kui ta oleks teadnud, et Jumal valmistas risti kaudu pääsemise tee kõigi inimeste pattudest lunastamiseks, et neid surmast päästa ja võtta kuradi käest tagasi Aadama meelevald.

Tuletame taas meelde 1. Korintlastele 2:7-8: *„ Vaid me kõneleme Jumala saladusse peidetud tarkusest, mille Jumal on määranud meie kirkuseks enne ajastuid. Ükski praeguse ajastu valitsejaist ei ole seda ära tundnud, sest kui nad seda oleksid tundnud, ei oleks nad kirkuse Isandat risti löönud."*

Jeesus kvalifitseerub seaduse alusel

Nii nagu igal lepingul on oma sätted, on ka vaimses maailmas reegel, mis kirjutab ette, et lunastaja peab maa lunastamise seaduse alusel vastama nõuetele, et Aadama kaotatud meelevald kuradilt tagasi võtta.

Oletagem näiteks, et inimene seisab oma äris pankroti lävel. Tal on suur võlg, aga ta ei suuda seda tasuda. Kui tal on rikas vend, kes teda armastab, maksab vend kõik tema võlad korraga ära.

Kõik inimesed, kes on patused Aadama pattulangemisest saadik, vajavad pattudesst puhtaks saamiseks nõuetele vastavat lunastajat. Millised on siis need nõuded, millele lunastaja peab vastama? Miks öeldakse Piiblis, et ainult Jeesus sobib selleks?

Esiteks peab lunastaja olema meesterahvas

3. Moosese raamatus 25:25 öeldakse: „*Kui su vend jääb kehvaks ja müüb midagi oma maaomandist, siis tulgu lunastama see, kes temale on kõige lähem, ja lunastagu, mida ta vend on müünud.*" Maa lunastamise seaduses öeldakse, et inimene jääb vaeseks ja müüb oma maaomandi, võib tema lähim sugulane tema müüdu lunastada.

1. Korintlastele 15:21-22 öeldakse: „*Et surm on tulnud inimese kaudu, siis tuleb ka surnute ületõusmine inimese kaudu; sest nõnda nagu kõik inimesed surevad Aadamas, nõnda tehakse ka kõik elavaks Kristuses.*" Aadama meelevalda lunastada võiva Lunastaja esimene tingimus peab olema, et ta

oleks meesterahvas. Seda fakti kirjeldatakse taas üksikasjalikult Johannese ilmutuse 5:1-5:

Ja ma nägin troonil istuja paremas käes rullraamatut, täis kirjutatud seest ja väljast, kinni pandud seitsme pitseriga. Ma nägin võimsat inglit, kes suure häälega kuulutas: „Kes on väärt avama seda raamatut ja lahti tegema selle pitsereid?" Ning mitte ükski Taevas ega maa peal ega maa all ei suutnud avada raamatut ega vaadata sinna sisse. Ma nutsin kibedasti, et kedagi ei leitud väärt olevat avama seda raamatut ning vaatama sinna sisse. Siis üks vanemaist ütles mulle: „Ära nuta! Ennäe, lõvi Juuda suguharust, Taaveti juur, Tema on võitnud, Tema võib avada raamatu ja selle seitse pitserit."

„Seest ja väljast täis kirjutatud ja seitsme pitseriga kinni pandud rullraamat" tähistab lepingut, mis tehti Jumala ja kuradi vahel kui Aadam oli Jumalale sõnakuulmatu ja temast sai patune. Apostel Johannes ei leidnud Taevas ega maa peal ega maa all kedagi, kes oleks olnud väärt lahti tegema rullraamatu pitsereid ja seda avama.

See oli nii, kuna taevased inglid ei ole inimesed ja kõik maapealsed inimesed on Aadama järeltulijatena patused ja maa all on üksnes kurjad vaimud, mis kuuluvad kuradile ja surnute hinged, mis on teel põrgusse.

Sel ajal ütles üks vanematest Johannesele: *„Ära nuta! Ennäe, lõvi Juuda suguharust, Taaveti juur, Tema on võitnud, Tema* *võib avada raamatu ja selle seitse pitserit."* Siin näitab „Taaveti juur" Jeesust, kes sündis Juuda suguharust pärit kuningas Taaveti järeltulijana (Apostlite teod 13:22-23). Seega kvalifitseerub Jeesus maa lunastamise seaduse esimese tingimuse alusel.

Mõned võivad öelda, et: „Jumal on Piiramatu. Jeesus on kindlasti Jumal, sest Ta on Jumala Poeg. Ta ei ole kuidagi inimene." Kuid pidage meeles, et Johannese 1:1 on kirjas: *„Sõna oli Jumal"* ja Johannese 1:14 on kirjas: *„Ja Sõna sai lihaks ja elas meie keskel."* Jumal, kes oli Sõna, sai lihaks ja elas siin maa peal meie keskel.

See oli Jeesus, kes oli algselt Jumal ja sai inimese taoliseks lihaks. Tema oli Sõna ja Jumala Poeg. Ta oli inimlik ja jumalik. Kuid Ta sündis ja kasvas lihalikult inimese sarnasena. Inimkonna ajalugu on Jeesuse sünniajaga jagatud kaheks: E.Kr., *enne Kristust* ja A.D., *meie aja järgi.* Juba üksnes see tunnistab, et Jeesus sai lihaks ja tuli alla selle maa peale. Jeesuse sünd, kasvatus ja ristilöömine on samuti osad sellest ilmsest tõsiasjast.

Jeesus on seega inimene ja kvalifitseerub meie Päästjaks.

Teiseks, ta ei või olla Aadama järglane

Võlgnik ei saa teiste inimeste võlgu ära maksta. See, kellel ei ole võlga ja kes suudab teisi aidata, võib võla tasuda. Samamoodi peab kõigi inimeste lunastaja olema süütu ja plekita, et kõiki inimesi pattudest ja surmast lunastada. Kõik inimesed on Aadama järeltulijad ja patused, kuna nende esimene esiisa Aadam patustas. Ükski tema järeltulijaist ei kvalifitseeru kõiki inimesi lunastama, kuna nad on ise patused. Isegi ükski ajaloo jooksul teadaolnud inimestest ei saa teiste pattude eest vastutada.

Kas Jeesus on selleks kvalifitseeritud?

Matteuse 1:18-21 kirjeldab Jeesuse sündi. Püha Vaim eostas Ta ja see ei sündinud mehe ja naise ühinemise teel. Neis salmides on kirjas:

> *Jeesuse Kristuse sündimisega oli aga nõnda. Tema ema Maarja, kes oli Joosepiga kihlatud, leidis enne enda kojuviimist, et ta ootab Pühast Vaimust last. Tema mees Joosep aga, kes oli õiglane ega tahtnud teda avalikult häbistada, võttis nõuks ta salaja minema saata. Aga kui ta seda mõtles, vaata, siis ilmus talle unenäos Isanda ingel, kes ütles: „Joosep, Taaveti poeg, ära karda oma naist Maarjat enese juurde võtta, sest laps, keda ta kannab, on Pühast Vaimust. Ta toob ilmale poja ning sina paned Talle nimeks Jeesus, sest tema päästab oma rahva nende pattudest."*

Jeesus oli oma põlvnemise poolest Taaveti soost (Matteuse 1; Luuka 3:23-37). Kuid Püha Vaim eostas Ta enne kui Maarja ühtis Joosepiga. Seega ei olnud Tal patuloomust.

Igaüks on pärispatuga sündinud, kuna ta pärib patuloomuse oma vanematelt. Teiste sõnadega, pärast Aadama patustamist pärandas ta oma patuloomuse kõigile oma järeltulijaile. Kõik tänapäeva inimesed on pärinud patuloomuse ja seda pattu kutsutakse „pärispatuks." Sel põhjusel on kõik Aadama järglased patused ja ei saa ühtegi teist inimest lunastada.

Seega, Jumal Isa plaanis, et Tema Poeg Jeesus eostati Püha Vaimu kaudu neitsi Maarja üsas. Sel viisil sai Jeesus lihaks ja tuli siia maailma, kuid ei olnud Aadama järglane.

Kolmandaks, Tal peab olema vägi kuradi võitmiseks

Jällegi, 3. Moosese 25:26-27 öeldakse meile:

Kui kellegi ei ole lunastajat, aga ta enese jõud lubab ja ta hangib nii palju, kui lunastuseks on tarvis, siis ta arvestagu aastaid müügist alates ja andku rohkem makstud osa tagasi mehele, kellele ta müüs, ja ta mingu taas oma maaomandile!

Lühidalt, lunastajal peaks olema voli müüdud maa tagasi osta. Vaene ei saa sõbra võlga tasuda, isegi kui ta seda teha sooviks. Samamoodi peab lunastaja olema patuta, et ta võiks kõiki inimesi nende pattudest päästa. Patu puudumine on vaimusfääris tugevuseks.

Lunastajal peab olema voli võita vaenlast kuradit ja saatanat ja taastada Aadama kaotatud meelevald. See tähendab, et Lunastajal ei või olla pärispattu ega tema enese pattu. Ainult patuta lunastaja saab võita kuradi ja vabastada kõik inimesed kuradi käest.

Kas Jeesus oli patuta?

Jeesusel ei olnud pärispattu, sest Püha Vaim eostas Ta. Ta kuuletus täielikult Jumala seadusele, sest Ta kasvas jumalakartlike vanemate juhatuse all üles. Ta täitis käsu armastuse abil. Ta lõigati kaheksandal päeval pärast sündimist ümber (Luuka 2:21). Ta ei teinud kunagi pattu ja kuuletus üksnes Jumala Isa tahtele kuni Ta löödi 33 aasta vanuselt risti (1. Peetruse 2:22-24; Heebrealastele 7:26).

Jeesus võis kuradit võita ja kõik inimesed lunastada, sest Tal ei olnud mingit pattu. Tema „patuta seisundit" tõestasid Tema paljud vägevad teod. Ta ajas välja kurje vaime, tegi pimedad nägijaks, kurdid kuuljaks, jalust vigased hakkasid käima ja Ta tervendas inimesi igasugustest ravimatutest haigustest. Tugev torm vaibus ja äge tuul peatus kui Ta seda sõitles ja ütles veele: „Jää vakka, ole vait!" (Markuse 4:39)

Lõpuks, Tal pidi olema ohvrimeelne armastus

Isegi rikas inimene ei lunastaks maad, kui tal puuduks maa müünud inimese vastu armastus. Samamoodi peab lunastajal olema patuste vastu nii palju armastust, et Ta ohverdab end üheainsa korraga igaveseks kõigi patuprobleemide eest.

Ruti 4:1-6, oli Boas väga hästi teadlik Naomi vaesusest ja ütles tema lähimale sugulasele – lunastajale, et ta ostaks ta maa tagasi kui ta seda tahaks. Kuid mees keeldus ja ütles Boasele: *„Ma ei saa siis seda enesele lunastada, et mitte rikkuda oma pärisosa. Lunasta sina enesele see, mida mina pidin lunastama, sest mina ei saa lunastada!"* (6. salm). Ta ei lunastanud maad Naomi ja Ruti jaoks, isegi kui ta oli selle tegemiseks piisavalt rikas. See läks niimoodi, kuna tal puudus ennastohverdav armastus. Lõppude lõpuks lunastas maa Boas, järgmine lähisugulane - lunastaja, sest tal oli niisugune ennastohverdav armastus.

Boas sai seaduslikuks lunastajaks ja abiellus Rutiga, sest tal oli piisavalt armastust Naomi maa lunastamiseks. Poeg, kes sündis Boasele ja Rutile, oli Kuningas Taaveti vana-vanaisa ja on Jeesuse sugupuusse kirja pandud.

Jeesus löödi armastusest risti. Jeesus oli Sõna, kuid sai lihaks ja tuli siia maa peale. Ta ei olnud Aadama järglane, sest ta eostati Pühast Vaimust. Seega sündis Ta pärispatuta. Tal oli vägi lunastada kõiki inimesi patust, sest Ta oli patuta.

Kuid Ta ei saanud Lunastajaks saada ilma vaimse ohverdava armastuseta, isegi kui Tal oleks olnud ülejäänud kolm vajalikku omadust. Ta pidi võtma pattude eest karistuse, mis kuulus patustele, et Ta võiks kõiki inimesi pattudest lunastada.

Teda tuli kohelda kõige tõsisema ja ohtlikuma kurjategijana ja riputada robustsele puuristile. Teda tuli kõikide inimeste päästmiseks solvata ja pilgata ja Tema ihust kogu vesi ja veri valada. Ta pidi maksma kõrget hinda ja tooma suure ohvri.

Sa ei leia kusagil inimkonna ajaloos juhtumit, kus veatu vürst oleks surnud oma kurjade ja rumalate inimeste eest. Jeesus on üks ja ainus kõigeväelise Jumala Poeg, kuningate Kuningas, isandate Isand ja kogu loodu valitseja. Niisugune suur, üllas ja veatu Jeesus riputati ristile ja Ta suri oma verd valades. Kui mõõtmatult suur armastus Tal oli meie vastu?

Tegelikult tegi Jeesus oma elu jooksul ainult häid tegusid. Ta andis patustele andeks, tervendas inimesi igasugustest haigustest, vabastas palju inimesi kurjadest vaimudest, tõi häid uudiseid rahust, rõõmust ja armastusest ja andis inimestele tõelise taeva- ja päästelootuse. Eelkõige andis Ta oma elu patuste eest.

Roomlastele 5:7-8 öeldakse: *„ Vaevalt, et keegi läheks surma isegi õige eest, kuigi hea sõbra eest mõni ehk julgeks surra. Ent Jumal teeb nähtavaks oma armastuse meie vastu sellega, et Kristus suri meie eest, kui me olime alles patused."* Jumal Isa saatis oma ühe ja ainsa Poja Jeesuse meie eest, kes me ei ole õiged ega head ja lasi Tal rippuda risti peal ja seal surra. Ta nähtas sel viisil oma suurt armastust.

Seega ma palun Isanda nimel, et te võiksite mõista, et te ei saa päästetud mitte kellegi teise nimes, peale Jeesuse Kristuse, saage Jumala lapseks saamise õigus Jeesuse Kristuse vastuvõtmise teel ja tundke alati rõõmu võidukast elust päästekindlusega!

Peatükk 5

Miks on Jeesus meie ainus Päästja?

- Pääste tagamine Jeesus Kristuse kaudu
- Miks rippus Jeesus puuristil?
- Maailmas ei ole teist nime peale
  „Jeesuse Kristuse"

Jeesus on „kivi, mille teie, ehitajad, olete tunnistanud kõlbmatuks, mis on saanud nurgakiviks." Ja kellegi muu läbi ei ole päästet, sest taeva all ei ole antud inimestele ühtegi teist nime, kelle läbi meid päästetakse.

Apostlite teod 4:11-12

Te armastate Jumalat kogu südamest kui te saate aru Tema sügavast ja hoolitsevast ettenägelikkusest inimese kasvatamisel. Veel enam, te peate imetlema Tema armastust ja tarkust, kui te mõistate pääsemise ettehoolet Jeesuse Kristuse kaudu.

Kuidas siis sai pääsemise ettehoole, mis oli enne aegade algust varjul, teoks Jeesuse Kristuse kaudu? Ma ütlesin teile varem, et õiguse Jumal oli ette valmistanud ühe, kes oli vaimse seaduse alusel kvalifitseeritud kõiki inimesi lunastama ja et taeva all ei ole kedagi teist peale Jeesuse, kes vastaks neile kvalifikatsiooninõuetele.

Jeesus on ainus, kes oli inimene, kuid Ta ei olnud Aadama järglane, sest Püha Vaim eostas Ta ja Ta tuli maa peale lihas. Lisaks oli Tal vägi ja armastus kõigi inimeste lunastamiseks. Seega võis Ta avada enese ristilöömisega pääsemise tee kõigile inimolenditele.

Seega, nii nagu öeldakse Apostlite tegudes 4:12, *„Ja kellegi muu läbi ei ole päästet, sest taeva all ei ole antud inimestele ühtegi teist nime, kelle läbi meid päästetakse."* Kes iganes usub ja võtab Jeesuse Kristuse vastu, on kõik patud andeks saanud ja päästetud. Ta tuleb pimedusest välja, valguse kätte ja saab Jumala laste meelevalla ja õnnistused.

Nüüd ma selgitan, miks te peate uskuma Jeesusesse, kes risti löödi, et saada päästetud ja Jumala lapse meelevalla ja õnnistused.

Pääste tagamine Jeesus Kristuse kaudu

Jumal valmistas pääsemise tee enne aja algust. 1. Moosese raamatus räägitakse prohvetlikult Jeesusest ja inimese risti kaudu pääsemise saladusest.

1. Moosese 3:14-15 öeldakse:

> *Siis Isand Jumal ütles maole: „Et sa seda tegid, siis ole sa neetud kõigi koduloomade ja kõigi metsloomade seas! Sa pead roomama oma kõhu peal ja põrmu sööma kogu oma eluaja! Ja ma tõstan vihavaenu sinu ja naise vahele, kes purustab su pea, aga kelle kanda sa salvad."*

Nagu me varem arutlesime, viitab „madu" vaimselt vaenlasele kuradile ja „põrmu söömine" sümboliseerib vaenlase kuradi valitsemist maapõrmust tehtud inimeste üle. Samuti tähistab „naine" „Iisraeli" ja „naise seeme" viitab Jeesusele. Fraas „kelle kanda sa [madu] salvad" sümboliseerib, et Jeesus lüüakse risti ja „Ta [naise seeme] purustab ta [mao] pea" tähendab, et Jeesus murrab vaenlase kuradi ja saatana leeri surnuist ülestõusmisega.

Saatan ei suutnud mõista Jumala plaani

Jumal hoidis pääsemise ettehoolet varjul, et vaenlane kurat ja saatan ei saaks Tema tarkust tunda ega sellest aru saada.

Vaenlane kurat ja saatan püüdis tappa naise järglast enne oma purustamist. Ta mõtles, et tal võib olla igaveseks meelevald, mille ta Jumalale sõnakuulmatult Aadamalt oli saanud. Aga vaenlane kurat ja saatan ei teadnud, kes oli naise järglane. Seega püüdis ta Jumala armastatud prohveteid Vana Testamendi ajast alates tappa.

Kui Mooses sündis, lasi vaenlane kurat ja saatan vaaraol, Egiptuse kuningal, iga heebrea naisest sündinud poisslaps ära tappa (2. Moosese 1:15-22). Kui Püha Vaim eostas Jeesuse ja Ta tuli lihas maa peale, lasid vaenlane kurat ja saatan kuningas Heroodesel sedasama teha.

Kuid Jumalale oli vaenlase saatana plaan juba teada. Joosepile ilmus unenäos Jumala ingel ja ütles, et ta läheks lapse ja emaga Egiptusesse. Jumal lasi perel seal elada kuningas Heroodese surmani.

Jumal lubas Jeesuse ristilöömist

Jeesus kasvas üles Jumala kaitse all ja alustas oma teenistust kolmekümne aastaselt. Ta rändas läbi kogu Galilea, õpetades sünagoogides, tervendades inimesi igasugustest haigustest ja tõbedest, äratades surnuid ellu ja kuulutades vaestele evangeeliumi (Matteuse 4:23, 11:5).

Vahepeal sepitses vaenlane kurat ja saatan taas, et ülempreestrid, käsuõpetajad ja variserid Jeesuse tapaksid. Kuid nagu te Piiblist teate, ei saanud ükski kuri inimene Jeesust isegi puudutada, sest kõik, mis Tema eluaja jooksul sündis, toimus Jumala ettehooldes.

Jumal lubas vaenlasel kuradil ja saatanal Jeesuse vaid kolm

aastat pärast tema teenistuse algust risti lüüa. Selle tulemusena kandis Jeesus okaskrooni ja suri ristil, kannatades suurt valu, olles kätest ja jalgadest ristile naelutatud.

Ristilöömine on kõige julmem hukkamisviis. Vaenlasel kuradil oli väga hea meel kui ta sel julmal viisil Jeesuse tapnud oli. Saatan laulis võidurõõmust, sest ta arvas, et ta valitseb maailma edasi, kuna enam ei olnud kedagi, kes oleks võinud tema valitsuskorda nurjata. Ometi oli olemas Jumala varjulolnud salajane ettenägelikkus.

Vaenlane kurat ja saatan rikkus vaimset seadust

Jumal ei kasuta oma absoluutset ülemvõimu seadusevastaselt, sest Ta on õiglane. Ta valmistas päästetee vaimse seaduse kaudu enne aegade algust, sest Ta teeb kõike vaimsete seaduste kohaselt.

Kuna vaimse seaduse alusel on patu palk surm (Roomlastele 6:23), ei seisa keegi, kes on patuta, surmaga silmitsi. Kuid vaenlane kurat ja saatan lõi süütu ja veatu Jeesus risti (1. Peetruse 2:22-23). Seda tehes rikkus vaenlane kurat vaimset seadust ja tema enda riugas pettis teda. Temast sai Jumala plaanitud päästevahend inimese jaoks. Naise järglane purustas ta pea 1. Moosese raamatu prohvetliku ettekuulutuse alusel.

Üldiselt saab madu ikkagi vastu panna kui tema saba peale astuda või tema ihu ära lõigata, kuid kui ta pead tugevasti kinni hoida, puudub maol vastupanuvõime. Seega fraas: „Ja ma tõstan vihavaenu sinu ja naise vahele, kes purustab su pea, aga kelle kanda sa salvad," tähendab vaimselt, et vaenlane saatan kaotab Jeesuse Kristuse tõttu oma väe ja meelevalla. Madu, kes naise järglase kanda salvab, tähendab, et saatan lööb Jeesuse risti ja see täitus 1. Moosese raamatu 3:15 ettekuulutuse kohaselt.

Pääsemine Jeesuse ristilöömise kaudu

Pääsemise tee, mida Jumal oli enne aegade algust salajas hoidnud, täitus Jeesuse ülestõusmisega kolmandal päeval pärast Tema ristilöömist.

Umbes 6000 aasta eest pidi Aadam oma Jumalalt saadud meelevalla andma vaenlasele kuradile, sest ta rikkus oma sõnakuulmatusega vaimusfääri seadust (Luuka 4:6). Kuid 4000 aastat hiljem pidi saatan minema vaimset seadust rikkudes hävituse teed.

Seega pidi vaenlane kurat laskma vabaks need, kes võtsid Jeesuse oma Päästjaks vastu ja uskusid Tema nimesse ja nad said õiguse hakata Jumala lasteks. Kas vaenlane kurat oleks Jeesust risti löönud kui ta oleks teadnud seda Jumala tarkust? Ei mingi hinna eest! 1. Korintlastele 2:8 meenutatakse meile: *„ Ükski praeguse ajastu valitsejatest ei ole seda ära tundnud, sest kui nad seda oleksid tundnud, ei oleks nad kirkuse Isandat risti löönud."*

Need, kes seda tõsiasja ei mõista, imestavad ka täna: „Miks ei võinud Kõikvõimas Jumal oma Poega surma eest kaitsta? Miks Ta lasi Tal surra ristil?" Aga kui te mõistaksite risti ettehoolet täielikult, teaksite te, miks Jeesus tuli risti lüüa ja kuidas Ta sai Kuningate kuningaks ja Isandate isandaks pärast oma triumfaalset võitu vaenlase kuradi üle. Seega, kes iganes usub, et Jeesus on Päästja, kes suri ristil ja kolm päeva hiljem surnuist üles tõusis, et inimesi kõikidest pattudest lunastada, on õige ja päästetakse.

Miks rippus Jeesus puuristil?

Miks siis pidi Jeesus puuristil rippuma? Miks see pidi olema puust rist? Erinevate hukkamismeetodite hulgast suri Jeesus puuristil. Vastavalt Galaatlastele 3:13-14, on kolm vaimset põhjust, miks Jeesus riputati puust ristile.

Esiteks, et lunastada meid käsuseaduse alt

Galaatlastele 3:13 öeldakse: *,, Kristus on meid seaduse needusest lahti ostnud, kui Ta sai needuse meie eest – sest on kirjutatud: ,Neetud on igaüks, kes puu küljes ripub.'"* See selgitab, et Jeesus lunastas meid käsu needusest kui Ta riputati puuristile.

Kõik inimesed olid neetud ja seega määratud esimese inimese Aadama sõnakuulmatuse tõttu surma teed minema nii nagu kirjas Roomlastele 6:23: „patu palk on surm." Kuid Jumal andis oma Poja Jeesuse inimkonna eest ja lasi Tal rippuda puuristil, et neid käsu needusest lunastada (3. Moosese raamat 21:23).

Jeesus valas sellele lisaks ristil oma kalli vere. Vaadake tähelepanelikult 3. Moosese raamatu 17. peatüki 11. ja 14. salmi:

Sest liha hing on veres, ja selle ma olen teile andnud altari jaoks lepituse toimetamiseks teie hingede eest;

sest veri lepitab temas oleva hinge tõttu (11. salm).

Sest kõige liha hing on tema hinge sisaldav veri (14. salm).

3. Moosese raamatu autor kirjutab, et elu on veres, sest iga olend vajab elamiseks verd ja sureks selleta.

Aga kui inimene sureb, saab tema lihast uuesti põrm ja tema hing läheb kas Taevasse või põrgusse. Selleks, et võtta vastu igavene elu, peate te kõik oma patud andeks saama. Pattude andeksandmiseks on vaja Heebrealastele 9:22 määratu alusel verd valada: *„Moosese Seaduse järgi puhastatakse peaaegu kõik asjad vere kaudu, ja ilma vere valamiseta ei ole andeksandmist."* Sel põhjusel pidid inimesed Vana Testamendi ajal loomade verd ohvriks tooma kui nad patustasid. Aga Jeesus valas oma kalli vere ühe korra ja igavesti, et kõik inimesed saaksid andestuse ja igavese elu, sest Temas ei olnud pärispattu ja Ta ei teinud ka ise pattu.

Samamoodi võite te igavese elu saada Jeesuse kalli vere tõttu. See tähendab, et Jeesus suri teie eest ja avas teie jaoks tee, et te võiksite olla Jumala laps.

Teiseks, Aabrahami õnnistuse andmiseks

Galaatlastele 3:14 esimeses pooles öeldakse, et: *„Selleks, et Aabrahami õnnistus saaks paganatele osaks Jeesuses Kristuses."* See tähendab, et Jumal annab Aabrahamile antud õnnistuse mitte ainult iisraellastele, vaid ka kõigile paganatele, keda kuulutatakse õigeks kui nad võtavad Jeesuse oma Päästjaks.

Aabrahami kutsuti „usuisaks" ja „Jumala sõbraks" ja ta elas laste-, tervise-, pika eluea, rikkuse ja muude õnnistustega. Aabrahami rohkete õnnistuste põhjus on kirjas 1. Moosese raamatus 22:15-18:

Ja Isanda ingel hüüdis Aabrahami teist korda taevast ning ütles temale: „Ma vannun iseenese juures, ütleb Isand: sellepärast et sa seda tegid ega keelanud mulle oma ainsat poega, ma õnnistan sind tõesti ja teen su soo väga paljuks – nagu tähti taevas ja nagu liiva mere ääres – ja su sugu vallutab oma vaenlaste väravad! Ja sinu soo nimel õnnistavad endid kõik maailma rahvad, sellepärast et sa võtsid kuulda mu häält!"

Aabraham oli kuulekas kui Jumal ütles talle: „*Mine omalt maalt, omast sugukonnast ja isakojast maale, mille ma sulle näitan!"* (1. Moosese raamat 12:1). Ta kuuletus samamoodi ja ei toonud mingisuguseid vabandusi ega kurtnud kui Jumal ütles: „*Võta nüüd Iisak, oma ainus poeg, keda sa armastad, ja mine Morijamaale ning ohverda ta seal põletusohvriks ühel neist mägedest, mis ma sulle nimetan!"* (1. Moosese raamat 22:2). See oli Aabrahami jaoks võimalik, kuna ta uskus Jumalat, kes võib ka surnuist üles äratada (Heebrealastele 11:19). Ta suutis olla õnnistuseks ja usuisaks, kuna tal oli niisugune kindel usk.

Seega peaks Jumala lastel, kes võtavad Jeesuse oma Päästjaks vastu, olema Aabrahami usk. Te võite anda siis Jumalale au, võttes vastu kõiki maapealseid õnnistusi.

Kolmandaks, et anda vaimu tõotus

Galaatlastele 3:14 teises pooles on kirjas: „*Et me tõotatud Vaimu saaksime usu kaudu.*" See tähendab, et igaüks, kes usub, et Jeesus suri puuristil kõikide inimolendite eest, on vabaks tehtud käsu needusest ja saab Püha Vaimu tõotuse. Lisaks, kes iganes võtab Jeesuse Päästjana vastu, saab Jumala lapse meelevalla ja Püha Vaimu anni ja kindluse (Johannese 1:12; Roomlastele 8:16).

Kui te saate Püha Vaimu, võite te kutsuda Jumalat „Abba, Isaks" (Roomlastele 8:15), teie nimi on kirja pandud taevasesse eluraamatusse (Luuka 10:20) ja teil on taevane kodakondsus (Filiplastele 3:20). See on nii, kuna Püha Vaim, kes on Jumala süda ja tugevus, juhatab teid igavesse ellu, aidates teil mõista Jumala Sõna ja elada Tema Sõna järgi usus.

Kuid teid päästetakse kui te mitte üksnes ei tunnista Jeesust oma Päästjana, vaid usute ka oma südames, et Ta võitis surma meelevalla ja tõusis surnuist üles. Roomlastele 10:9 puudutab seda: „*Kui sa oma suuga tunnistad, et Jeesus on Isand, ja oma südames usud, et Jumal on Ta üles äratanud surnuist, siis sind päästetakse.*"

Enne aegade algust määras Jumal ette ära suure plaani, millega ühendada need, kes usuvad, et Jeesus on Päästja, Jumalaga ja viia nad pääsemisele. See plaan on väga imeline ja salapärane. Esimese inimese patu tõttu pidid inimolendid minema surma teed vastavalt vaimusfääri seadusele, mis väidab, et „patu palk on surm." Kuid saatana vaimusfääri seaduse rikkumise tõttu ei saanud nad sellesama käsu kaudu vabaks patu needusest ega pääseda usus.

Inimolendid pidid kannatama vaeva, raskusi ja surma, mis vaenlane kurat tõi kui nad said sõnakuulmatusest pattude orjaks. Kuid kes iganes võtab Jeesuse Päästjana vastu ja saab Püha Vaimu, võib saada pääste, igavese elu, ülestõusmise ja ülevoolavad õnnistused.

Jumala lastele antud privileeg ja õnnistused

Kes iganes avab oma südame ja võtab vastu Jeesuse Kristuse, saab andeks ja õiguse saada Jumala lapseks ning tunneb heameelt oma südames valitsevast rahust ja rõõmust. See on võimalik, sest Jeesus kandis ühekorraga ja igaveseks ristilöömisega kõik meie patud. Nii nagu öeldakse Laulus 103:12: *„Nii kaugel kui ida on läänest, nii kaugele viib Ta meist meie üleastumised."* Samuti öeldakse Heebrealastele 10:16-18: *„See on leping, mille ma teen nendega pärast neid päevi, ütleb Isand: Ma annan oma seadused nende südamesse ja kirjutan need nende mõistusesse. Ja ma ei mäleta enam nende patte ega ülekohtutegusid."* Aga kus need on andeks antud, seal ei ole vaja enam mingit ohvrit pattude eest.

Maailmas ei ole midagi, mida võiks võrrelda Jumala laste usu kaudu saadud õigusega. Kuninga või presidendi laste õigused on väga vägevad. Kui suured on siis maailma valitseva ja inimajaloo ja universumi valitseva Looja Jumala laste õigused?

Jumal ei pea seda tõeliseks usuks kui väita ainult, et „Jeesus on Päästja." Sa peaksid mõistma, kes on Jeesus Kristus ja miks Ta on ainus Päästja su jaoks ja omama tõelist usku selle teadmise alusel.

Siis võib tõelise usuga mõista Jumala ristis varjul olnud ettehoolet ja tunnistada: „Isand on Kristus ja elava Jumala Poeg." Peale selle võite te elada Jumala tahte järgi. Ilma selle tõelise usuta on väga raske omada südamest tulevat usku ja elada Jumala Sõna alusel. Seega, nii nagu Jeesus ütles meile Matteuse 7:21: „*Mitte igaüks, kes mulle ütleb: „Isand, Isand!" ei saa taevariiki; saab vaid see, kes teeb mu Isa tahtmist, kes on taevas.*" Jeesus kuulutas selgelt, et ainult need inimesed, kes väidavad, et Jeesus on „Isand, Isand" ja elavad Jumala Sõna ja tahte järgi, saavad päästetud.

Maailmas ei ole teist nime peale „Jeesuse Kristuse"

Apostlite tegude 4. peatükis kirjeldatakse stseeni, kus Peetrus ja Johannes tunnistavad julgelt Jeesuse Kristuse nime suurkohtu ees. Nad uskusid siiralt, et ei olnud olemas teist nime peale „Jeesuse Kristuse", kelle läbi inimesed saaksid päästetud ja Peetrus, kes oli täis Püha Vaimu, oli vägev kuulutama: „*Ja kellegi muu läbi ei ole päästet, sest taeva all ei ole antud inimestele ühtegi teist nime, kelle läbi meid päästetaks*" (Apostlite teod 4:12).

Missugune vaimne kaasmõte on nimes „Jeesus Kristus"? Ja miks ei andnud Jumal meile peale Jeesuse Kristuse nime kellegi teise nime, mille läbi meid päästetaks?

Erinevus „Jeesuse" ja „Jeesuse Kristuse" vahel

Apostlite teod 16:31 öeldakse meile: „ *Usu Isandasse Jeesusesse, siis pääsed sina ja kogu su pere.* " On tähtis põhjus, miks siin on kirjas „Isand Jeesus," mitte lihtsalt „Jeesus."

Siin tähendab „Jeesus" inimest, kes päästab oma rahva nende pattudest. „Kristus" on kreekakeelne sõna, mis tähendab heebrea keeles „Messiast". See on „võitu" (Apostlite teod 4:27) ja viitab Päästjale, kes on Jumala ja inimeste vahemees. See tähendab, et „Jeesus" on tulevase päästja nimi, aga „Kristus" on inimesed juba päästnud Päästja nimi.

Vana Testamendi ajal võidis Jumal inimese, kellest pidi saama kuningas, preester või prohvet, võitava pea peale õli valamise teel (3. Moosese raamat 4:3; 1. Saamueli raamat 10:1; 1. Kuningate raamat 19:16). Õli sümboliseerib Püha Vaimu. Seega tähendab kellegi võidmine Jumala valitud inimesele Püha Vaimu andmist.

Jeesus võiti kuningaks, ülempreestriks ja prohvetiks ja Ta tuli siia maailma lihas, et päästa kõiki inimolendeid Jumala ettehoolde kohaselt, mis oli enne aja algust ette määratud. Ta löödi meie lunastamiseks risti ja Temast sai kolmandal päeval ülestõusmise teel meie Päästja. Seepärast on ta Päästja, kes täitis Jumala pääsemise ettehoolde. See tähendab, Tema on Kristus.

Me kutsume ristilöömise eelset Jeesust ainult „Jeesuseks." Aga pärast ristilöömist ja ülestõusmist tuleb Teda kutsuda „Jeesuseks Kristuseks," „Isandaks Jeesuseks" või „Isandaks."

Te peaksite teadma, et „Jeesuse" ja „Jeesus Kristuse" vahel on suur väeerinevus. Jeesus on nimi, millega Teda kutsuti enne seda kui Ta täitis pääsemise ettehoolde ja vaenlane kurat ei karda seda nime nii palju. Aga nimi „Jeesus Kristus" tähendab järgmist kolme asja: verd, mis lunastas meid meie pattudest; ülestõusmist, mis lõpetas surma meelevalla ja igavest elu. Kuid selle nime ees väriseb vaenlane kurat ja tunneb hirmu.

Paljud inimesed eiravad seda, kuna nad ei saa sellest erinevusest aru. Aga see on tõde, et Jumala töö ja vastus erinevad vastavalt öeldavale nimele (Apostlite teod 3:6).

Kui Jumalat paluda Isanda Jeesuse Kristuse nimel ja pidada seda fakti meeles, elate te võiduelu, mis on täis kiireid ja rohkeid vastuseid teie kõikvõimsalt Jumalalt.

Jeesuse täielik sõnakuulelikkus

Kuigi Jeesus oli Jumal oma loomu poolest, ei arvanud Ta oma osaks end Jumalaga võrdseks pidada ega kuulutanud oma õigustest Jumalana. Ta loobus iseenese olust; Ta võttis orja alandliku kuju ja Ta leiti välimuselt inimesena.

Heal sulasel puudub oma tahe. Ta teeb oma tahte asemel oma peremehe tahet. Sulase ülesanne on oma peremehe tahet teha, olgu see siis tema tahtega või tunnetega kooskõlas või mitte. Jeesus täitis Jumala tahet hea sulase südamega ja võis seetõttu täita Tema missiooni inimese päästmiseks.

Jumal ülendas Jeesuse, kes tegi Jumala tahet ja ütles „Jah" ja „Aamen" kõige kõrgemale ja lasi paljudel inimestel tunnistada, et Tema on Isand.

Seepärast on Jumal tõstnud ta kõrgemale kõrgest ja annetanud Talle selle nime, mis on üle iga nime, et

Jeesuse nimes nõtkuks iga põlv nii taevas kui ka maa peal kui maa all, ja et iga keel tunnistaks: Jeesus Kristus on Isand – Jumala Isa kirkuseks. (Filiplastele 2:9-11).

„Isanda Jeesuse" nimi tunnistab Jumala väest

Johannese 1:3 öeldakse: *„Kõik on tekkinud Tema läbi ja ilma Temata ei ole tekkinud midagi."* Kuna kõik asjad maailmas loodi Jeesuse kaudu, on Temal meelevald kõikide asjade üle Loojana valitseda. Kui Looja Jeesus, Jumala Poeg, käskis, kuuletusid Talle elutud asjad nagu tormituul ja lained ning vaibusid ja kui Ta viigipuud needis, kuivas see otsekohe.

Jeesusel oli meelevald patte andeks anda ja patuseid nende pattude karistusest päästa. Nii ütles Jeesus halvatule Matteuse 9:2: *„Ole julge, poeg, sinu patud on sulle andeks antud"* ja Ta ütles 6. salmis: *„Aga, et te teaksite, et Inimese Pojal on meelevald patte andeks anda maa peal,"* – siis Ta ütles halvatule – *„tõuse püsti, võta oma kanderaam ja mine koju!"*

Lisaks oli Jeesusel vägi tervendada igasuguseid tõbesid ja puudeid ja elustada surnuid. Johannese 11. peatükis kirjeldatakse stseeni, kus Jeesus hüüdis valju häälega: „Laatsarus, tule välja" ja kätest ja jalgadest linasesse riidesse mähitud surnud mees Laatsarus tuli hauast välja. Ta oli neli päeva surnud olnud ja lehkas, kuid ta kõndis hauast välja tervena.

Samamoodi annab Jeesus sulle, mida iganes Sa usus palud, sest Tal on Jumala imeline vägi.

Jeesus Kristus, Jumala armastus

Nii nagu öeldakse 1. Johannese 4:10: *„Selles on armastus – ei, mitte selles, et meie oleme armastanud Jumalat, vaid et Tema on armastanud meid ja on läkitanud oma Poja lepitusohvriks meie pattude eest."* Jumal näitas oma hämmastavat armastust meie vastu. Ta saatis oma ainusündinud Poja lepitusohvrina ajal kui me olime veel patused. Jumal pidi taluma suurt valu ja avas tee inimese pääsemiseks kui Ta Poeg Jeesus naelutati ristile ja valas oma vere. Kuidas pidi armastuse Jumal end tundma kui Ta pidi nägema oma ainusündinud Poega Jeesust ristilöödult? Jumal ei suutnud seda oma aujärjel istudes vaadata. Matteuse 27:51-54 räägitakse meile kui palju Jumal kannatas kui Jeesus risti löödi.

Ja ennäe, templi vahevaip kärises ülalt alla kaheks ja maa värises ja kaljud murdusid ja hauakambrid avanesid ja ärkas üles palju magama uinunud pühade ihusid ja need tulid hauakambritest välja ja läksid pärast Tema surnuist ülesäratamist pühasse linna ja paljud said seda näha. Aga kui väeülem ja need, kes koos temaga Jeesust valvasid, nägid maavärisemist ja seda, mis sündis, lõid nad väga kartma ja ütlesid: „Tõesti, see on Jumala Poeg!"

See näitab selgelt, et Jeesust ei löödud risti Tema pattude eest, vaid Jumala suurest armastusest, et viia kõiki inimesi pääsemise teele. Kuid nii paljud inimesed ei võtnud seda Jumala hämmastavat armastust vastu ega mõistnud seda.

Pärast Aadama sõnakuulmatust ei saanud inimolendid Jumalaga olla ja neist said patuloomusega inimesed. Kuid Jeesus tuli maa peale ja Temast sai vahemees Jumala ja meie vahel, et Ta võiks Immaanueli õnnistused kõigile inimestele anda (Matteuse 1:23). Jeesuse vaeva ja ristikannatuste kaudu saame me tõelise rahu ja puhkuse.

Seega ma loodan, et te mõistate Jumala suurt armastust, kes andis meile oma ainsa Poja lunarahaks, et meid pattudest ja igavesest surmast lunastada ja Isanda ohvrimeelset armastust, kes, kuigi Ta oli veatu, löödi meie eest risti ja tegi meile pääsemise tee.

Peatükk 6

RISTI ETTEHOOLE

- Tallis sündinud ja sõime asetatud
- Jeesuse elu vaesuses
- Piitsutatud ja oma vere valanud
- Okaskrooni kandes
- Jeesuse riided ja särk
- Käsist ja jalust naelutatud
- Jeesuse jalgu ei murtud,
  kuid Tema külg läbistati

Ent tõeliselt võttis Ta enese peale meie haigused ja kandis meie valusid. Meie aga pidasime Teda vigaseks, Jumalast nuhelduks ja vaevatuks. Ent teda haavati meie üleastumiste pärast, löödi meie süütegude tõttu. Karistus oli Tema peal, et meil oleks rahu, ja Tema vermete läbi on meile tervis tulnud. Me kõik eksisime nagu lambad, igaüks meist pöördus oma teed, aga Isand lasi meie kõigi süüteod tulla Tema peale.

Jesaja 53:4-6

Jumala tõeliste laste saamise plaanis oli kõige tähtsam see, et Jeesus tuli siia maailma lihas, Teda vaevati igasuguste kannatustega ja Ta suri ristil. Kõige selle kaudu tegi Ta inimolendite jaoks pääsemise tee.

Jumala risti ettehooldel on sügav vaimne tähendus. Jeesus, Jumala üksainus Poeg, jättis taevase au, sündis loomaaedikus ja elas kogu oma elu vaesena.

Lisaks piitsutati Teda ja Ta kätest ja jalust löödi naelad läbi, Ta kandis okaskrooni ja valas verd ja vett kui Ta külge torgati oda. Igas kannatuses, mida Jeesus koges, sisaldub Jumala tohutu armastus.

Kui te mõistate risti vaimset tähendust ja Jeesuse kannatusi täielikult, liigutab Jumala armastus kindlasti teie südant ja teis on tõene usk. Samuti saate te vastused kõigile probleemidele oma elus nagu vaesusele ja tõbedele ja samuti igavese taevariigi.

Tallis sündinud ja sõime asetatud

Jeesus, olles oma loomult Jumal, oli kõigi taevaste ja maapealsete asjade isand ja kõige aulisem olend. Kuid Ta tuli siia maailma lihas, et lunastada inimolendeid patust ja viia nad pääsemisele.

Jeesus on Kõikvõimsa Looja Jumala üks ja ainus Poeg. Miks Ta siis ei sündinud luksuslikus kohas ega vähemalt mugavas toas? Kas Jumal ei oleks võinud lasta Tal uhkes kohas sündida? Miks Ta lasi Jeesusel sündida tallis ja saada sõime asetatud?

Selles on sügav vaimne tähendus. Te peaksite teadma, et Jeesus sündis vaimselt kõige aulisemal moel. Isegi kui inimesed ei suutnud seda oma füüsiliste silmadega näha, oli Jumalal Jeesuse sünnist nii hea meel, et Ta ümbritses imikust Jeesuse autuledega suure taevaste vägede ja inglite hulga ligiolus. Luuka 2:14, kus on kirjas järgmine, laseb tunda Tema ärevustunnet: *„Au olgu Jumalale kõrges ja maa peal rahu, inimestest heameel!"* Jumal valmistas samuti head karjased ja tähetargad hommikumaalt ja viis nad imikust Jeesust kummardama.

Kogu kiitus ja ülistus sündis, sest kuna Jeesus avas pääsemise ukse siia maailma tulekuga, et suured rahvahulgad siseneksid igavesse taevasse Jumala lastena ja Jumala Poeg Jeesus oleks kuningate Kuningas ja isandate Isand.

Jumala ettehoole varjul Jeesuse sünnis

Kui Jeesus sündis, väljastas keiser Augustus käsu, et kogu Rooma Impeeriumis tuli teha rahvaloendus. Juudi rahvas oli Rooma koloniaalvalitsuse all ja läks tagasi oma kodulinna end registreerima, täites keisri käsku.

Joosep läks samuti oma mõrsja Maarjaga Naatsareti linnast Galileast Petlemma Taaveti linna, sest Ta kuulus Taaveti kotta ja suguvõsasse. Maarja oli Joosepiga seotud ja enne nende sinnaminekut eostas Püha Vaim lapse ja ta sünnitas nende sealviibimise ajal esmasündinu Jeesuse.

Nimi „Petlemm" tähendab „Leivakoda" ja see oli kuningas Taaveti kodulinn (1. Saamueli 16:1). Miika 5:1 kirjutatakse Petlemma linnast järgmist: *„Aga sina Petlemm Efrata, olgugi väike, Juuda tuhandete seas, sinust tuleb mulle see, kes saab valitsejaks Iisraelis ja kes põlvneb muistseist päevist, igiaegadest."* Prohvetikuulutus ütles, et Petlemmast saab Messiase sünnipaik.

Sel ajal ei olnud Maarja ja Joosepi jaoks üheski võõrastemajas ruumi, sest tuhanded inimesed olid Petlemma end registreerima tulnud. Seal sünnitas Maarja tallis imiku. Ta mähkis Ta mähkmetesse ja asetas Ta sõime, pikka mahutisse, kust toideti lehmi või hobuseid.

Miks siis Jeesus, kes tuli inimolendite Päästjaks, sündis niisugusel madalal ja alamal moel?

Et lunastada loomataolisi inimesi

Koguja 3:18 öeldakse: *„Ma mõtlesin oma südames: See on inimlaste huvides, et Jumal neid läbi katsub ja et nad näevad, et nad on iseenesest vaid loomad."* Inimesed, kes on kaotanud Jumala kuju, on Jumala silmes nagu loomad. Esimene inimene Aadam oli algselt Jumala kuju järele loodud elusolend. Ta oli samuti vaiminimene, kuna Jumal õpetas talle vaid tõesõna.

Kuid Aadam sõi Jumala käsu vastaselt hea ja kurja tundmise puust, seega ta vaim suri ja ta ei saanud enam Jumalaga suhelda. Lisaks ei olnud ta enam kogu loodu isand. Saatan õhutas Aadamat tema patuloomust järgmina ja ta puhas tõene süda muutus ebapuhtaks ja ebatõeseks.

Oma igapäevaelus olete te vahel kuulnud väljendit: „Ta ei ole parem kui loom." Te kuulete sageli meedia kaudu inimestest, kes ei ole paremad kui loomad. Nad kavaldavad ja petavad enese kasuks lihtsalt oma ligimesi, kliente, sõpru ja pereliikmeid. Vanemad ja lapsed vihkavad ja näivad vahel valmis üksteist tapma.

Inimesed julgevad niisuguseid kurje tegusid teha, sest nende hing on muutunud inimese peremeheks alates vaimu surmast ja nad on kaotanud Jumala kuju oma pattude tõttu. Nagu loomad, on nad tehtud üksnes hingest ja ihust, niisugused inimesed ei saa minna taevariiki ega Jumalat Abba Isaks kutsuda. Jeesus sündis tallis, et lunastada inimolendeid, kes ei ole loomadest paremad.

Jeesus on tõeline vaimutoit

Jeesus asetati sõime, hobuste toidumahutisse, et ta oleks tõeline toit inimolenditele, kes pole paremad kui loomad (Johannese 6:51).

Teiste sõnadega, jumalik ettehoole viis inimese täiele pääsemisele, võimaldades tal tagasi saada Jumala kadunud kuju ja täita kõiki inimese kohustusi. Missugused on siis kõik inimese kohustused? Koguja 12:13-14 annab meile mõninga arusaama sellest:

Lõppsõna kõigest, mida on kuuldud: „Karda Jumalat
ja pea Tema käske, sest see on iga inimese kohus! Sest
Jumal viib kõik teod kohtusse, mis on iga salajase

asja üle, olgu see hea või kuri."

Mida tähendab „jumalakartus"? Õpetussõnades 8:13 öeldakse meile, et: „Isanda kartus on kurja vihkamine." Seega tähendab Isanda kartus kurja edasist aktsepteerimist ja samal ajal südamest igasuguse kurja väljaviskamist.

Kui te tõesti Jumalat kardate, peaksite te andma endast parima, et jätta igasugune kurjus ja võidelda patu vastu ja see enesest eemale heita kuni verevalamiseni. Nii nagu õpilased õpivad palju, et tagada endile parem tulevik, peaksite te andma endast parima, et Jumalat karta ja täita kogu oma kohustust inimesena, et tunda heameelt Jumala armastusest ja õnnistusest.

Piiblis võite te leida Jumala lastele antud käsud nagu „tee seda; ära tee toda; hoia seda; ja heida see ära." Teisalt, Jumal ütleb, et see, mida Jumala lapsed peaksid tegema, on „palvetamine, armastamine, tänu andmine ja palju muud." Teiselt poolt, Jumal käseb meid, et me ei teeks surma viivaid asju nagu vihkamine, abielurikkumine ja liigjoomine.

Ta käseb meil samuti täita teatud käske nagu „Pühitsege hingamispäeva," „Pidage oma lubadusi" ja sarnast. Jumal samuti soovitab meil jätta maha kahjulikud asjad, öeldes: „Vältige igasugust kurja," „Heitke ära oma ahnus" ja nii edasi.

Inimese kogu kohus on karta Jumalat ja pidada Tema käske. Jumal peab meid Kohtupäeval vastutavaks iga meie teo eest ja iga varjatud asja eest, olgu see hea või halb. Seega kui te elate nagu loom ja ei tee inimese kogu kohust, on loomulik, et te sattute Jumala kohtuotsuse tulemusena põrgusse.

Sarnaselt sündis Jeesus tallis ja Ta asetati sõime, et Ta

lunastaks inimesed, kes pole loomadest paremad ja et Ta saaks neile tõeliseks vaimseks toiduks.

Jeesuse elu vaesuses

Johannese 3:35 öeldakse: *„Isa armastab Poega ja on andnud Tema kätte kõik."* Koloslastele 1:16 on kirjas: *„Sest Tema läbi on loodud kõik, mis on taevas ja maa peal, mis on nähtav ja nähtamatu, olgu troonid või ülemused, olgu valitsused või meelevallad – kõik on loodud Tema läbi ja Tema poole."* Teiste sõnadega, Jeesus on Looja Jumala ainus Poeg ja kõigi taevaste ja maapealsete asjade Isand.

Miks Ta tuli siis siia maailma väga madalas ja alandlikus olekus ja elas vaesuses, olgugi et Ta oli kõikvõimsa Jumala olemus ja iga mõõdupuu alusel rikas?

Et lunastada inimesi vaesusest

2. Korintlastele 8:9 on kirjas: *„Te ju teate meie Isanda Jeesuse Kristuse armu, et Tema, kuigi Ta oli rikas, sai Teie pärast vaeseks, et teie saaksite rikkaks Tema vaesusest."* Selles on ilmsiks saanud Jumala hämmastava armastuse ettehoole. Kuigi Jeesus oli kuningate Kuningas ja isandate Isand ja Looja Jumala ainus Poeg, jättis Ta kogu oma taevase au, tuli siia maa peale ja elas vaesuses, taludes inimeste põlgust ja halba kohtlemist selleks, et inimolendeid vaesusest lunastada.

Alguses lõi Jumal inimese, et ta võtaks ja sööks vilju ilma

higistamata ja naudiks rasket vaeva nägemata rikkalikku elu. Aga pärast esimese inimese Aadama sõnakuulmatust Jumalale ja moraalselt rikutuks muutumist, võis inimene süüa üksnes palge higis vaevalise töö kaudu saadut. Selletõttu elab inimene sageli puuduses ja vaeselt.

Vaesus ei ole iseenesest patt, seega Jeesus ei valanud oma verd, et meid vaesusest lunastada. Ometi on vaesus needus, mis ilmnes pärast Aadama sõnakuulmatust Jumalale, seega Jeesus elas vaeselt, et teid rikkaks teha.

Mõned ütlevad, et Jeesuse eluaegne vaesus tähendab vaimset vaesust. Kuid kuna Jeesus eostati Pühast Vaimust ja Ta on üks Isa Jumalaga, ei ole õige mõelda, et Ta oli vaimselt vaene.

Te peaksite meeles pidama fakti, et Jeesus elas vaeselt,et lunastada teid vaesusest ja teie võite elada külluslikku elu, tänades Jumalat armastuse ja armu eest.

Mõned ütlevad, et raha eest on vale palvetada. Teised mõtlevad, et kristlane peaks vaeselt elama. Ometi ei ole see absoluutselt Jumala tahe.

Te võite leida Piiblist palju õnnistussõnu. Näiteks 5. Moosese raamatust 28:2-6 võib lugeda, et:

Ja kõik need õnnistused saavad sulle osaks ja tabavad sind, kui sa võtad kuulda Isanda, oma Jumala häält. Õnnistatud oled sa linnas ja õnnistatud oled sa väljal. Õnnistatud on su ihuvili, su maapinna saak, su karja juurdekasv, su veiste vasikad ning su lammaste ja kitsede talled. Õnnistatud on su korv ja su leiваküna. Õnnistatud oled sa tulles ja õnnistatud oled sa mines.

3. Johannese 1:2 õhutatakse meid: „*Armas, soovin sulle, et sul läheks igati hästi ja sa oleksid terve, nõnda nagu läheb hästi su hingel.*" Tegelikult elasid Jumala valitud mehed nagu Aabraham, Iisak, Jaakob, Joosep ja Taaniel kõik väga rikast elu.

Et elada rikast elu

Jumal paneb oma õigsuses teid lõikama seda, mida te külvate. Nii nagu vanemad tahavad anda oma lastele vaid häid asju, tahab teie armastav Jumal anda teile, mida iganes te usus palute (Markuse 11:24).

Jumal tahab anda teile vastuseid ja õnnistusi, aga te ei saa midagi vastu võtta kui te ei küsi või kui te küsite arutult. Seega kui te proovite midagi lõigata, ilma külvamata, pilkate te Jumalat ja lähete vaimse seaduse vastu.

Mõned võivad öelda: „Ma tahan külvata, aga ma ei saa, sest ma olen nii vaene." Kuid te võite leida Piiblist palju väga vaeseid inimesi, kes andsid endast parima, et külvata ja said tasuks rikkaliku õnnistuse.

1. Kuningate raamatus 17 näeme me, et maal oli kolm ja pool aastat näljahäda. Näljahäda ajal tegi Siidoni Sarepta lesk prohvet Eelijale väikese leivakakukese peotäiest jahust vakas ja vähesest õlist kruusis, mis oli kogu tema söögipoolis. Jumalal oli nii hea meel, et ta Tema sulast teenis ja Ta õnnistas naist rikkalikult: jahu ei lõppenud vakast ja õli ei vähenenud kruusist kuni päevani, mil Isand andis maale vihma (1. Kuningate raamat 17:14).

Ükskord Jeesuse ajal pani vaene lesknaine kaks väga väikest

münti, mis olid väärt ainult murdosa pennist, templi varalaekasse. Kuid Jeesus kiitis teda ja ütles, et vaene lesk pani korjanduskarpi rohkem kui kõik teised. See oli nõnda, kuna naine andis oma vaesusest ja pani kõik ära – kõik, mis tal oli, kuna teised andsid osa oma varast (Markuse 12:42-44).

Kõige tähtsam on teie meelestatus kõik Jumalale anda. Jumal ei näe teie ohvri kogust, kuid tunneb armastuse ja usu meeldivat lõhna, mis sisaldub ohvriannis ja õnnistab teid rohkesti.

Piitsutatud ja oma vere valanud

Enne ristilöömist pilkasid ja põlastasid Rooma sõdurid Jeesust, lüües Teda näkku, sülitades Tema peale ja nii edasi. Nad piitsutasid Jeesust ka piitsaga, pika nahkrihmaga, mille küljes rippusid kisulised tinast tükid.

Sel ajal olid Rooma sõdurid kõige jõulisemad, hästi distsiplineeritud ja kõige tugevamad relvajõud maailmas. Kui suur pidi olema valu kui Temalt võeti riided seljast ja Teda piitsutati? Kui Tema ihu piitsutati piitsaga, rebenes Tema ihu, luud paljastusid ja veri purskus välja.

Jesaja prohvetikuulutuse täitmiseks: „*Ma andsin oma selja peksjaile ja põsed neile, kes katkusid karvu, ma ei peitnud oma palet teotuse ja sülje eest.*" (Jesaja 50:6), Jeesus ei püüdnud kunagi piitsutamisest pääseda.

Tervendada tõbe ja haigust

Miks siis Jeesust piitsutati piitsaga ja miks Ta valas oma vere? Miks lasi Jumal seda oma Pojale sündinda? Jesaja 53 selgitab Jeesuse kannatuste ja piina eesmärki.

Ent Teda haavati meie üleastumiste pärats, löödi meie süütegude tõttu. Karistus oli Tema peal, et meil oleks rahu, ja Tema vermete läbi on meile tervis tulnud. Me kõik eksisime nagu lambad, igaüks meist pöördus oma teed, aga Isand laskis meie kõigi süüteod tulla Tema peale (Jesaja 53:5-6).

Jeesust haavati ja purustati teie üleastumiste ja süütegude tõttu. Teda karistati, piitsutati ja Ta voolas verd, et anda teile rahu ja teha teid vabaks kõigist haigustest.

Matteuse 9. peatükis, kus Jeesus tegi matil lamava halvatu terveks, lahendas Ta esiteks tema patuprobleemi, öeldes: *„Sinu patud on sulle andeks antud."* Ainult siis ütles Jeesus talle: *„Tõuse püsti, võta oma kanderaam ja mine koju."*

Johannese 5. peatükis, pärast seda kui Jeesus tervendas kolmkümmend kaheksa aastat puudega olnu, ütles Ta talle: *„Vaata, sa oled saanud terveks. Ära tee enam pattu, et sinuga ei juhtuks midagi halvemat!"* (Johannese 5:14).

Piiblis öeldakse, et teie peale tulevad haigused patu tõttu. Seega te vajate haigustest tervena olemiseks kedagi, kes võib lahendada teie patuprobleemi. Kuid verevalamiseta ei saa olla andestust (3. Moosese raamat 17:11).

Sellepärast kui keegi tegi Vana Testamendi ajal pattu, veristas preester looma lepitusohvriks. Kuid te ei vaja enam ohvriloomade tapmist pärast seda kui Jeesus tuli siia maailma lihas ja valas oma veatu puhta ja vägeva vere. Jeesuse püha veri on kõigi inimolendite lepituseks minevikus, olevikus või isegi tulevikus.

Et võtta ära meie haigused ja tõved

Matteuse 8:17 on kirjas: *„Et läheks täide, mida on räägitud prohvet Jesaja kaudu: ,Ta on võtnud ära meie haigused ja kandnud meie tõved.'"* Seega kui te teate, miks Jeesust piitsutati ja Ta valas oma vere ja usute seda, ei ole teil vaja kannatada haiguste ja tõbede tõttu.

1. Peetruse 2:24 öeldakse: *„Ta kandis ise meie patud oma ihus üles ristipuule, et meie, olles surnud pattudele, elaksime õigusele; Tema vermete varal te olete saanud terveks."* Selles salmis kasutatakse täisminevikku, sest Jeesus on juba lunastanud kõik inimolendite patud.

Miks mõned meie seast kannatavad ikkagi tõbede tõttu, olgugi et nad väidavad uskuvat fakti, et Jeesus kandis meie haigused ja tõved kui Teda piitsutati ja ta jooksis verd?

Jumal ütleb 2. Moosese raamatus 15:26: *„Kui sa tõesti kuulad Isanda, oma Jumala häält ja teed, mis õige on Tema silmis, paned tähele Tema käske ja täidad kõiki Tema korraldusi, siis ma ei pane su peale ainsatki neist tõbedest, mis ma panin egiptlaste peale, sest mina olen Isand, su ravija."* See tähendab, et kui te teete seda, mis on Jumala silmis õige, ei mõjuta teid ükski tõbi, sest Jumal, kelle silmad on nagu lõõmav tuli, kaitseb teid nende eest.

Vaatame näidet. Kui laps tuleb nuttes koju, olles naabrilapse käest peksa saanud, erineb vanemate reaktsioon ja suhtumine sellesse juhtumisse väga, sõltuvalt nende usust.

Üks võib õpetada oma last selliselt: „Miks sa alati kere peale saad? Kui sind lüüakse korra, anna parem kaks või kolm korda vastu." Teine vanem võib külastada tema last peksnud lapse vanemaid ja neile kaevata. Mõni teine vanem ei tegele asjaga kummalgi moel, kuid võib olla südames väga pahane või nördinud.

Kuid Jumal ütleb, et te võidaksite kurja heaga, armastaksite isegi oma vaenlasi ja otsiksite kõigiga rahu, öeldes: *„Aga mina ütlen teile: Ärge pange vastu inimesele, kes teile kurja teeb, vaid kui keegi lööb sulle vastu paremat põske, keera talle ka teine ette!"* (Matteuse 5:39).

Seega, kui te teete seda, mis on Tema silmis õige, ei ole teil raske pidada Jumala käskusid ja seadusi. Kui te püsite palves ja annate endast parima, on teie üle Jumala arm ja vägi ja te võite Püha Vaimu abiga kõike lihtsalt teha.

Kui te heidate kõrvale patu ja teete seda, mis on Jumala ees õige, ei saa haigused teie peale tulla. Isegi kui haigused tulevad teie peale, andestab Tervendaja Jumal teie patud ja tervendab teid täiesti kui te püüate aru saada, mis on Jumala ees valesti ja parandate sellest kogu südamest meelt.

Isegi siis kui te tunnistate oma huultega, et Jumal on kõikvõimas, kui te toetute maailmale või pöördute probleemi või haigusega haiglasse, ei ole Jumalal teist heameelt, sest see tõendab, et te ei usu tõeliselt Kõikvõimsat Jumalat (2. Ajaraamat 16).

Okaskrooni kandes

Kroon on tegelikult kuningarüüs kuninga jaoks. Kuigi Jeesus oli Jumala üks ja ainus Poeg, kuningate Kuningas ja isandate Isand, kandis Ta pikkadest tugevatest okastest krooni, kullast, hõbedast ja kalliskividest tehtud krooni asemel.

Siis võtsid maavalitseja sõdurid Jeesuse kaasa kohtukotta ja kogusid Tema kallale terve väesalga. Ja nad võtsid Ta riidest lahti ja panid Talle selga punase mantli. Ja punutud kibuvitstest pärja, panid selle Talle pähe ja pilliroo Ta paremasse kätte ja Tema ette põlvili heites teotasid Teda: „Tervist, juutide kuningas!" Ja nad sülitasid Ta peale ja võtsid pilliroo ning lõid Talle pähe. (Matteuse 27:27-30).

Rooma sõdurid väänasid okkad kokku, et teha kroon, mis oli Jeesuse jaoks liiga väike ja panna see tugevasti Talle pähe. Nii tungisid okkad läbi tema pea ja otsaesise ja veri voolas Tema nägu mööda alla. Miks lubas Kõikvõimas Jumal oma ühelainsal Pojal kanda okaskrooni, kannatada nuhtlevat valu ja valada oma verd?

Esiteks kandis Jeesus okaskrooni, et meid mõttes tehtud pattudest lunastada.

Kui Jumala loodud inimene suhtles Temaga ja kuuletus Tema Sõnale, ei teinud ta pattu, sest ta mõtles alati Jumala tahtega kooskõlas ja oli Talle sõnakuulelik.

Aga kui madu teda kiusas ja ta võttis vastu saatanalt tulnud mõtte, tegi ta varsti pattu. Ta ei mõtelnud kunagi varem hea ja kurja tundmise puu vilja söömisele. Aga kui teda ahvatleti, sõi ta seda, sest see tundus toiduks hea ja silmale meeldiv ja samuti ihaldusväärne tarkuse saamiseks.

Samamoodi töötab nüüd saatan, kes pani esimesed inimesed Aadama ja Eeva Jumalale mitte kuuletuma, et panna teid mõttes patustama.

Inimajus on mälu eest vastutavad rakud. Kõik, mida te olete alates sündimisest näinud, kuulnud ja õppinud, pandi mälurakkudesse teie oma tunnetega teatud sündmuste, isikute ja teabe kohta. Me kutsume seda „teadmiseks." Mida me kutsume „mõtteks", on selle talletatud teadmise taastamisprotsess hinge töö kaudu.

Inimesed on kasvanud eri keskkondades. See, mida nad on näinud, kuulnud ja õppinud, on inimeseti erinev ja samuti erineb see, mis nende ajusse talletatud on. Isegi kui see, mida nad on näinud, kuulnud ja õppinud, on sama, olid igaühel sel ajal oma tunded ja seega on vältimatu, et inimestel on erinevad väärtused.

Jumala Sõna ei ole sageli kooskõlas meie oma teadmiste ja teooriaga. Näiteks võib mõtelda, et kui te tahate, et teid kuulsusena koheldaks, peaksite te astuma kõikvõimalikud sammud teiste poolehoiu võitmiseks. Kuid Jumal õpetab, et igaüks, kes end alandab, teda ülendatakse (Matteuse 23:12).

Enamik inimesi arvab, et nende vaenlast on väga loomulik

vihata, kuid Jumal ütleb, et me „armastaksime oma vaenlast" ja „kui su vaenlane on näljas, toida teda; kui ta on janus, anna talle midagi juua."

Jumala mõtted on vaimsed, aga inimeste mõtted on lihalikud. Saatan annab teile lihalikud mõtted, seega ta ahvatleb teid Jumalat vältima, segab teil tõelist usku saamast ja paneb teid maailma järgima, viies teid lõpuks pattu ja igavesse surma.

Jeesus selgitas oma jüngritele Matteuse 16:21 ja järgmistes salmides, et Ta kannatab palju ja Ta tapetakse ristil ja tehakse elavaks kolmandal päeval. Kui Peetrus seda kuulis, viis ta Jeesuse kõrvale ja ütles Talle: *„Jumal hoidku, Isand! Ärgu seda Sulle sündigu!"* (22. salm). Kuid Jeesus pöördus ja ütles Peetrusele raevukalt: *„Tagane, vastupanija! Sa oled mulle kiusatuseks, sest sa ei mõtle Jumala, vaid inimese viisil."* (23. salm). Kui Jeesus ütles maruvihaselt: „Tagane, vastupanija," ei mõelnud ta, et Peetrus oli vastupanija, kuid et see oli saatan ise, kes tegutses Peetruse mõtteis, et takistada Jumala tööd.

See oli nii, kuna Jeesus pidi Jumala tahte kohaselt inimkonna päästmiseks risti kandma, aga Peetrus püüdis oma lihalike mõtetega Teda takistada Jumala tahet tegemast.

Apostel Paulus kirjutab 2. Korintlastele 10:3-6 järgmist:

Sest ka lihalikus elus elades ei sõdi me selle loomuse järgi, meie võitluse relvad ei ole ju lihalikud, vaid need on Jumalas vägevad kindluste mahalõhkumiseks. Me kummutame targutused ja purustame iga kõrkuse, mis tõstab end jumalatunnetuse vastu, ja me võtame vangi Kristuse sõnakuulmisesse kõik mõtted ja oleme valmis

nuhtlema iga sõnakuulmatust, kui teie sõnakuulelikkus
on saanud täielikuks.

Te peaksite kummutama oma argumendid ja mõttekäigud, mis on püstitatud ja toimivad sageli jumalariigi vastaselt. Võtke iga mõte Kristuse sõnakuulmise alla vangi, et elada tõe kohaselt ja siis saab teist vaimu- ja usuinimene.

Te peaksite heitma enesest ära iga mõtte, et te peaksite kedagi kaks korda tagasi lööma, selleks, et mitte olla põlualune kui ta teid lööb, sest see lihalik mõte läheb tõele vastu.

Seega te peaksite jätma kõik patud, mis teie mõtete kaudu tulevad. Patuprobleemi täielikuks lahendamiseks tuleks esiteks jätta lihahimu, silmahimu ja elukõrkus. Need on ebatõesed asjad, mis meeldivad saatanale.

Lihahimu, mis tähendab pähetulevaid mõtteid, on Jumala vastu minevad soovid. Galaatlastele 5:19-21 loetletakse niisugused himud:

> *Lihaliku loomuse teod on ilmsed, need on: hoorus,*
> *rüvedus, kõlvatus, ebajumalateenistus, nõidus, vaen,*
> *riid, kiivus, raevutsemine, isemeelsus, lõhed,*
> *lahknemised, kadetsemine, purjutamised, prassimised*
> *ja muu sarnane, mille eest ma teid hoiatan, nagu ma*
> *varemgi olen hoiatanud, et need, kes midagi niisugust*
> *teevad, ei päri Jumala riiki.*

Lihahimu on soov teha just seda, mida Jumal on käskinud mitte teha.

Silmahimu tähendab, et inimese mõtlemist hakkab tugevasti mõjutama see, mida ta näeb ja kuuleb ja ta hakkab taotlema oma meeles tekkinud soove. Kui keegi armastab maailma ja taotleb silmahimu, näivad vaid need soovid väärtuslikud ja miski ei rahulda teda.

Inimeses tekib hooplev meel kui ta saab patuse inimese ihaluste ja silmahimu rahuldamise taotluste käigus maailma rõõmudest osa. Seda kutsutakse elukõrkuseks.

Jeesus kandis okaskrooni ja valas oma vere, et lunastada meid ebamoraalsusest, seadusetusest ja kurjast. Kuna üksnes Jeesuse süütu veatu veri võis meid me pattudest lunastada, lunastas Ta meid okaskrooni peas kandes ja verd valades kõikidest me mõtetes tehtud pattudest.

Teiseks, Jeesus kandis okaskrooni, et võimaldada inimestel taevas paremaid kroone kanda.

Teine põhjus, miks Ta okaskrooni kandis, oli selleks, et anda meile paremad kroonid. Kuna Ta lunastas teid vaesusest ja andis teile vaesena elades rikkuse, kandis Ta okaskrooni, et teil oleks taevas võimalik saada paremaid kroone.

Jumala laste jaoks on taevas palju kroone valmistatud. On olemas auhinnad nagu kuldmedalid, hõbemedalid või pronksmedalid, mille spordivõistluste võitjad saavad vastavalt oma kohale. Samamoodi on taevas erinevad kroonid.

On olemas närtsimatu pärg, mida kirjeldatakse 1. Korintlastele 9:25: *„Ent iga võistleja on kasin kõiges, nemad küll selleks, et saada närtsivat pärga, aga meie, et saada närtsimatut."* Närtsimatu pärg valmistatakse Jumala lastele, kes püüavad oma patte minema heita. Aukroon on valmistatud neile, kes on oma patu minema heitnud ja elavad vastavalt Jumala Sõnale ja austavad Teda (1. Peetruse 5:4). *Elukroon* on samuti valmistatud neile, kes armastavad Jumalat väga, on Talle surmani ustavad ja saavad pühaks, jättes igasuguse kurjuse (Jakoobuse 1:12; Johannese ilmutus 2:10).

Õiguse kroon antakse neile, kes saavad pühaks nagu apostel Paulus, jättes kõik oma patud ja lisaks sellele lõpetavad oma ülesande täielikult Jumala tahte kohaselt (2. Timoteosele 4:8).

Johannese ilmutuse 4:4 on samuti kirjeldatud, et: *"Ja trooni umber oli kakskümmend neli trooni ning neil troonidel istus kakskümmend neli vanemat, valged rõivad üll ja peas kuldpärjad."* Kuldpärg on valmistatud inimestele, kes jõuavad vanema tasemele ja kes aitavad Jumalat Uues Jeruusalemmas.

Siin ei tähenda „vanemad" inimesi, kes on selle tiitli saanud selle maailma kogudustest, vaid siin kirjeldatakse inimesi, keda Jumal tunnustab vanemana, kuna nad on kogu Jumala kojas pühad ja ustavad ja neil on muutmatu kuldne usk.

Jumal annab oma lastele eri kroone, sõltuvalt nende pattude jätmise ja Jumala ülesande täitmise määrast. Jumala lapsed on taevas suured ja saavad paremaid kroone kui nad ei mõtle sellest, kuidas oma patuloomuse ihasid rahuldada ja käituvad Jumala Sõna kohaselt (Roomlastele 13:13-14), kui nad käivad Vaimus ja teevad seda kogu hingest (Galaatlastele 5:16) ja kui nad täidavad oma kohust ja ülesannet ustavalt!

Samamoodi lunastas Jeesus okaskrooni kandes ja verd valades teid kõigist pattudest, mida te oma mõtete kaudu teostanud olete. Kui tänulik te peaksite olema, sest Ta valmistab taevas paremaid kroone, mida te saate vastavalt oma usumõõdule ja oma ülesande täitmisele!

Seega te peate aru saama, kui auline on olla nende kroonide saamiseks kõlblik. Siis peaks teil olema Isanda süda, et te jätaksite igasuguse kurja, täidaksite oma ülesande hästi ja oleksite ustav kogu Jumala kojas. Ma loodan, et te saate taevas parima võimaliku krooni.

Jeesuse riided ja särk

Jeesus, kes kandis okaskrooni ja kelle veri voolas tugeva piitsutamise tõttu üle kogu Tema ihu, tuli Kolgatasse, ristilöömise paika. Kui Rooma sõdurid lõid Jeesuse risti, võtsid nad Tema riided, jagasid need neljaks, üks igaühele neist. Nad ei jaganud tema särki, vaid heitsid selle saamiseks liisku.

Kui sõdurid olid Jeesuse risti löönud, võtsid nad Ta rõivad ja jagasid nelja ossa, igale sõdurile ühe osa. Nad võtsid ka särgi, särk oli aga õmblusteta, kootud ühes tükis ülalt alla. Nad ütlesid siis üksteisele: „Ärgem rebigem seda katki, vaid heitkem liisku, kellele see saab", et läheks täide Kiri: „Nad on mu rõivad omavahel jaganud, ja riiete peale liisku heitnud."(Johannese 19:23-24).

Miks Jumala Sõna selgitab üksikasjalikult, mis sai Jeesuse riietest ja särgist? Iisraeli ajalugu alates 70 A.D. on sügavas seoses selle sündmuse vaimse tähendusega.

Paljaks võetud ja risti löödud

Matteuse 27:22-26 kohaselt mõistis Pontius Pilaatus Jeesusele iisraellaste soovil, kes ei tunnustanud Jeesust Messiasena, pärast Tema pilkamist ja igasugusel viisil halvakspanu, karistuseks ristilöömise.

Pärast okaskrooni kandmist kui Teda pilgati ja põlastati, kandis Ta risti Kolgatale, kus Ta risti löödi. Pilaatus käskis sõduritel panna Ta pea kohale Tema süüga kirja, kuhu oli kirjutatud: *„SEE ON JEESUS, JUUTIDE KUNINGAS."* (Matteuse 27:37).

Kiri oli kirjutatud heebrea, ladina ja kreeka keeles. Heebrea keel oli Jumala valitud rahva, juutide, tavakeel. Ladina keel oli Rooma Impeeriumi, sel ajal kõige vägevama rahva, ametlik keel, ja kreeka keel oli maailma kultuuri valitsev keel. Seega sümboliseerib nendes kolmes keeles kirjutatud teade, et kogu maailm tunnustas Jeesust tõesti juutide kuningana ja kuningate Kuningana.

Pärast teate lugemist protesteerisid Johannese 19:21-22 alusel paljud juudid ja ütlesid, et Pilaatus ei kirjutaks „juutide kuningas", vaid et ta kirjutaks selle asemel, et „Ta ütles: „Mina olen juutide kuningas."" Kuid Pilaatus vastas neile: „Mida ma olen kirjutanud, olen ma kirjutanud" ja jättis selle muutmata. See tähendab, et isegi Pilaatus tunnistas Jeesust kui juutide kuningat.

Kuna Pilaatus tunnistas, et Jeesus on juutide kuningas, on Ta tõesti ainus Jumala Poeg, kuningate Kuningas ja isandate Isand.

Kuid sellest hoolimata kisuti Jeesuse seljast paljude inimeste nähes Ta riided ja särk ja Ta löödi risti. Sel viisil talus Ta südantlõhestavat häbi.

Me elame selles kurjas maailmas, unustades kõik inimese kohustused. Ja Jeesuselt, kuningate Kuningalt, võeti riided ja särk ja Ta talus paljude inimeste nähes häbi selleks, et meid lunastada igasugusest häbist, räpastest asjadest, kurjusest, seadusetusest ja ebamoraalsusest. Kui te mõistate selle vaimset tähendust, teeb see teid tänulikuks.

Jeesuse riiete nelja ossa jagamine

Rooma sõdurid võtsid Jeesuse paljaks ja lõid Ta risti. Nad võtsid Ta riided ja jagasid need nelja ossa, kuid nad heitsid tema särgi peale liisku.

Praktiline mõtlemine ütleb, et Tema riided ei saanud olla ilusad ega kallid. Miks siis sõdurid jagasid Ta riided nelja ossa?

Kas nad teadsid ettenägeliku tarkusega, et Jeesust hakatakse Messiasena austama ja kas nad tahtsid saada vähemalt ühte riideeset, mida oma järeltulijatele kalli pereaardena edasi anda? Ei, see polnud nii.

Laul 22:19 kuulutab prohvetlikult: *„Nad jagavad mu rõivaid eneste vahel ja heidavad liisku mu kuue pärast."* Jumal lubas Rooma sõduritel selle salmi täitmiseks Ta riided võtta (Johannese 19:24).

Missugune vaimne tähendus on siis Jeesuse riietel? Miks nad

jaotasid Ta riided nelja ossa, üks igaühele neist? Miks nad ei jaganud Tema särki? Miks lasi Jumal seda lugu ette kirjutada?

Kuna Jeesus on juutide kuningas, viitavad Jeesuse riided iisraeli või juudi rahvale. Kuna Rooma sõdurid jagasid riided nelja ossa, kaotasid riided oma kuju. See tähendas Iisraeli kui rahvuse hävingut. See näitas samuti, et Iisraeli nimi jääb püsima, kuna riiete osad jäid. Lõppude lõpuks kuulutasid Tema riiete kohta kirjutatud sõnad, et juudi rahvas hajutatakse igasse ilmakaarde rahva hävingu tulemusel. Iisraeli ajalugu tunnistab selle prohvetliku ettekuulutuse täitumist.

40 aastat pärast Jeesuse ristisurma, hävitas Rooma kindral Tiitus Jeruusalemma. Jumala Tempel hävitati täielikult ja kivi ei jäetud kivi peale. Kuna Iisraeli rahvas lakkas eksisteerimast, hajutati juudid kõikjale, neid kiusati taga ja isegi tapeti. See seletab, miks juudid on siiani üle kogu maailma elanud.

Matteuse 27:24 kirjeldatakse jubedat stseeni, kus Pilaatus ütleb kurjale rahvale, et Jeesus oli süütu, aga nad karjusid veel valjemini, et Jeesus risti löödaks. Selle peale võttis Pilaatus vett ja pesi oma käed, et näidata, et ta ei vastutanud süütu Jeesuse surma eest, öeldes: *„Ma olen süüta selle verest! Küll te näete!"* Siis vastas rahvas: *„Tema veri tulgu meie ja meie laste peale!"*

Märkimisväärne on see, et Iisraeli ajalugu näitab selgelt, et paljud juudid ja nende järglased valasid verd, otsekui täites oma nõuet Pontius Pilaatusele. Neljakümne aasta jooksul pärast Jeesuse surma tapeti 1,1 miljonit juuti. Peale selle tappis Natsi-Saksamaa II Maailmasõja ajal umbes kuus miljonit juuti. Filmis

„Schindleri nimekiri" näidatakse traagilisi stseene, kus tapeti juudid, kes olid riieteta ja ei tehtud vahet mehe ega naise, vana ega noore vahel. Isegi kurjategijal lubati hukkamiseks puhtad riided selga panna, aga juudid võeti tapmiseks alasti.

Juudi rahvas ei tunnistanud, et Jeesus oli Messias ja nad võtsid Ta paljaks ja lõid Ta risti. Kui nad karjusid: „Las Tema veri tulla meie ja me laste peale," tabas iisraeli rahvast ajastu jooksul kohutav häda.

Jeesuse õmblusteta särk oli ühes tükis kootud

Johannese 19:23 kirjeldatakse Jeesuse särki: *„Särk oli aga õmblusteta, kootud ühes tükis. "* Siin salmis tähendab „õmblusteta", et särk ei olnud kokku õmmeldud mitmest ühendatud riidetükist. Paljusid inimesi ei huvita, kuidas nende riided on tehtud või kas need on kootud ülalt alla või alt üles. Miks siis Jeesuse särki kirjeldatakse Piiblis nii üksikasjalikult?

Piiblis öeldakse, et Aadam on kõikide inimolendite esiisa, usuisa on Aabraham ja Iisraeli esiisa on Jaakob. Jumal õpetab meile, et Iisraeli esiisa ei ole Aabraham, vaid Jaakob, sest kaksteist Iisraeli suguharu pärinevad Jaakobi kaheteistkümnest pojast. Iisraeli rahvuse asutaja on Jaakob, isegi kui usuisa on Aabraham.

Jumal õnnistas niimoodi ka Jaakobit 1. Moosese raamatus 35:10-11:

„Jaakob on su nimi. Ärgu hüütagu su nime enam Jaakobiks, vaid su nimi olgu Iisrael!" Ja Ta pani temale nimeks Iisrael. Ja Jumal ütles temale: „Mina

olen Kõigeväeline Jumal. Ole viljakas ja paljune!
Sinust saab rahvas, jah, rahvaste hulk, ja sinu
niudeist tulevad kuningad."

Vastavalt neis salmides mainitud Jumala Sõnale, moodustasid
Jaakobi kaksteist poega Iisraeli olemuse ja Iisrael oli ühendatud
maa, kuni see jagati Kuningas Rehoboami ajal põhjas asetsevaks
Iisraeliks ja lõunas asetsevaks Juudaks.

Pärast segunes põhjas asuv Iisrael paganatega, aga Juuda jäi
terviklikuks. Täna kutsutakse Juuda rahvast juutideks. Fakt, et
Jeesuse särk oli õmblusteta ja kootud ülalt alla, tähendab, et
Iisraeli rahvas säilitas oma ühtsuse ja identiteedi Jaakobi
järeltulijatena tänase päevani.

Jeesuse särgi pärast liisuheitmine, seda rebimata

Siin tähistab särk inimeste südant. Kuna Jeesus on Iisraeli
kuningas, tähistab Tema särk juudi rahva südant.

Iisraellased – rahvas, kelle Jumal valis nende usu esiisa
Aabrahami kaudu, on tõelist Jumalat üle kõigi muude asjade
kummardanud. Fakt, et särki ei jagatud, näitab, et Jumalat
kummardava Iisraeli juudi rahva vaim säilus hästi ja seda ei
rebitud lõhki, kuigi Iisraeli rahvus või Iisraeli valitsus hävis
vahetevahel.

Tegelikult kuulutatakse Piiblis, et paganad ei saanud hävitada
iisraellaste vaimu, mis püsis sügaval nende südames. Teiste
sõnadega, nende Jumala poole pööratud süda on püsivalt
säilunud, isegi kui paganad hävitasid Iisraeli rahvuse. Kuna neil

on niisugune muutumatu süda, valis Jumal iisraellased oma rahvaks ja on neid kasutanud oma Kuningriigi ja õigsuse rajamiseks.

Isegi täna püüavad iisraellased muutumatu südamega seadust täita. See on nii, kuna nad on Jaakobi soost ja temal oli muutumatu süda. Iisraellased üllatasid kogu maailma, saades sõltumatuse 14. mail 1948, kaua aega pärast oma maa kaotamist. Pärast seda on nad arenenud kiiresti arenenud ja mõjuvõimsa maana ja on oma rahvuslikku vaimu ja suurepärasust taas üles näidanud.

Kuna Rooma sõdurid ei suutnud jagada Jeesuse õmblusteta alussärki, mis oli ühes tükis, ülalt alla kootud, ei saa paganad hävitada Jumalat ülistavate iisraellaste vaimu. Lõppude lõpuks rajasid iisraellased Jaakobi järeltulijaina iseseisva maa ja täitsid Jumala tahte Tema valitud rahvana.

Lõpuaja Iisrael Piibli ettekuulutuse alusel

Nii nagu Jumal kuulutas Iisraeli ajalugu ette Jeesuse riiete ja alussärgi kaudu, andis Ta meile ka maailma viimaste päevade kohta vihje.

Hesekieli 38:8-9 on kirjas:

„Paljude päevade pärast kutsutakse sind, aastate möödudes pead sa tulema maale, mis mõõga järelt on taastatud, rahva juurde, kes on kogutud paljude rahvaste seast Iisraeli mägedele, mis olid kaua laastatud; see rahvas on ära toodud rahvaste seast ja

nad kõik elavad julgesti. Siis sa tõused, tuled nagu
maru, oled nagu pilv, mis katab maad, sina ja kõik su
väehulgad, ja paljud rahvad koos sinuga. "

„Paljude päevade pärast" kujutab salmides ajavahemikku
Jeesuse sünnist Tema teise tulemiseni ja „viimastel aastatel"
räägib viimastest aastatest enne Jeesuse Teist tulemist. „Iisraeli
mäed" tähistab Jeruusalemma, mis asub mägismaal, umbes 760
meetri kõrgusel merepinnast. Seega, sõna, et tulevastel aastatel
kogunevad paljud inimesed paljudest rahvastest, kuulutab ette,
et iisraellased tulevad oma maale tagasi kogu maailmast kui
Jeesuse tagasitulek jõuab lähedale.

See ettekuulutus sai tõeks kui Rooma Impeerium hävitas
Iisraeli aastal 70 A.D. ja sai sõltumatuse 1948. aastal. Iisrael oli
mahajäetud kuni see sai sõltumatuks, kuid sellest sai üks maailma
arenenumaid maid.

Uus Testament kuulutab prohvetlikult ka Iisraeli sõltumatust.
Jeesus räägib meile Matteuse 24:32-34 järgmist:

Ent viigipuust õppige võrdumit: kui selle okstele
tärkavad noored võrsed ja ajavad lehti, siis te tunnete
ära, et suvi on lähedal. Nõnda ka teie, kui te näete
kõike seda, tundke ära, et Tema on lähedal, ukse taga.
Tõesti, ma ütlen teile, see sugupõlv ei kao, kuni kõik
see on sündinud!

See oli Jeesuse vastus Tema jüngritele, kes palusid Temalt Ta
Teise tulemise ja ajastu lõpu märki.

Viigipuu viitab salmides Iisraelile. Kui puulehed langevad ja külm tuul puhub, teate te, et talv on lähedal. Samamoodi niipea kui viigipuu oksad muutuvad õrnaks ja lehed tärkavad, teate te, et suvi on lähedal. Selle tähendamissõnaga selgitab Jeesus, et kui Iisrael taastatakse pärast pikka hävituseaega, see tähendab kui Iisraeli rahvas saab oma iseseisvuse, on Jeesuse Teine tulemine väga lähedal.

Te ei tea kui kaua kestab „see sugupõlv", mida Jeesus selles salmis mainis, kuid te teate, et Ta öeldu läheb kindlasti täide. Te tunnistasite juba Iisraeli sõltumatust, nii et on väga lihtne aru saada, et Jeesuse Teine tulemine on väga lähedal.

Ajastu lõpumärgid

Kui Ta jüngrid küsisid Matteuse 24. peatükis ajastu lõpumärkide kohta, seletas Jeesus neile seda üksikasjalikult. Kuid Ta ei öelnud neile täpset tundi ja päeva, vaid ütles: „*Seda päeva või tundi ei tea aga keegi, ei taeva inglid ega Poeg, vaid Isa üksi*" (Matteuse 24:36).

See tähendab ainult, et Tema kui Inimese Poeg, kes tuli lihas siia maailma, ei teadnud täpset tundi ega päeva. See ei tähenda, et Jeesus ei teadnud ühena Kolmainsusest seda pärast oma ristilöömist, ülestõusmist ja taevasseminekut.

Jeesus rääkis palju asju ajastu lõpumärkide kohta ja hoiatas teid: „*Ja kui ülekohus võtab võimust, lahtub paljude armastus. Aga kes peab vastu lõpuni, see pääseb*" (Matteuse 24:12-13).

Täna võib teravalt tunda, et kurjus suureneb ja armastus jahtub. Te võite südamesoojust vaevalt tunda. Jeesus ütles

Matteuse 24:14: *„Ja seda Kuningriigi evangeeliumi kuulutatakse kogu ilmamaale, tunnistuseks kõigile rahvastele, ja siis tuleb lõpp."* Evangeeliumi on juba kuulutatud kõigis maa nurkades.

Veel enam, me elame „globaalses külas", kust on igasse maailmanurka pääs kas transpordi või side kaudu. Sellest nähtusest räägiti samuti ette Taanieli 12:4: *„Aga sina, Taaniel, pea need sõnad saladuses ja pane raamat pitseriga kinni lõpuajaks! Siis uurivad seda paljud ja äratundmine süveneb."* Evangeelium on levinud kiiresti kogu maailma selle keskkonna kaudu.

See on tõde, et isegi kui evangeeliumi on kuulutatud kogu maailmale, on inimesi, kes ei võta Jeesust vastu, sest nad ei ava oma südant. Või võib olla kaugeid kohti, kuhu evangeeliumi seemet ei ole veel külvatud.

Kõk Vana Testamendi prohvetikuulutused on täitunud ja suurem osa Uue Testamendi prohvetikuulutustest on samuti peaaegu täitunud. Kuid kogu Pühakiri on kirjutatud Püha Vaimu sisendusel. Seega on Jumala Sõna õige ja ei sisalda ainsatki viga. Sõnas ei muudeta vähimatki tähte ega väiksematki suletõmmet. Jumal on täitnud oma Sõna ja tõotusi ja ainult mõned asjad jäävad täitmata, kaasa arvatud meie Isanda Jeesuse Kristuse Teine tulemine, Seitsmeaastane suur kannatuseaeg, Uus milleenium ja Suur valge aujärje kohtumõistmine.

Käsist ja jalust naelutatud

Ristilöömine oli üks kõige julmemaid hukkamismeetodeid mõrvaritele või reeturitele. Käed olid puuristile sirgu tõmmatud. Inimese kätest ja jalgadest löödi läbi naelad. Ta rippus ristil kaua enne kui ta suri. Seega pidi ta viimase hingetõmbeni kohutavat valu kannatama.

Jeesus, Jumala Poeg, tegi vaid häid asju ja Tal ei olnud selles maailmas ühtegi viga ega plekki. Miks siis naelutati Jeesus kätest ja jalgadest ja Ta valas ristil oma vere?

Käte ja jalgade naelutamise valu

Jeesus mõisteti ristisurma ja Ta tuli Kolgatale, hukkamiskohta. Üks Rooma sõdur hoidis suurt raudnaela ja teine, kes hoidis haamrit, hakkas sõjapealiku käsu peale Tema käsi ja jalgu naelutama. Siis püstitasid nad risti. Kas te suudate ette kujutada kui valus see võis olla?

Süütu Jeesus pidi kannatama valu kui Tema ihusse löödi haamriga suured naelad ja kui Tema raskus tõmbas Tema ihu alla ja naelutatud kehaosad rebenesid.

Pea mahalöömise korral lõppes valu momentaalselt. Kuid ristisurm oli nii palju valusam, sest inimene rippus, voolas verd ja kannatas surmahetkeni vedelikupuuduse ja kurnatuse tõttu.

Veel enam, päikesepaistelisel päeval lendasid kõrbes igasugust liiki putukad ja satikad üle Tema rebenenud ihu, et imeda Tema naelutatud käte ja jalgade juurest voolavat verd. Sellele lisaks näitasid kurjad inimesed Tema poole sõrmega, sülitasid Tema peale, pilkasid Teda, needsid Teda ja pildusid rohkeid solvanguid Tema aadressil. Mõned inimesed isegi põlastasid Teda ja ütlesid: *„Sina, kes lammutad templi ja kolme päevaga üles ehitad, päästa iseennast! Kui sa oled Jumala Poeg, siis astu ristilt alla!"* (Matteuse 27:40).

Jeesuse ristilöömisega kaasnes talumatu valu. Kuid Jeesus teadis väga hästi, et kui Ta ristisurmaga kannab patud ja needused, avab see tee inimkonna pattudest lunastamiseks ja teeb neist Jumala lapsed. Selle asemel tuli Tema tõeline valu teisest allikast. Ikkagi oli inimesi, kes ei tundnud Jumala ettehoolet või kes ei võtnud oma kurjuses pääsemist vastu. See tekitas Talle veel rohkem valu.

Käte ja jalgadega tehtud patud

Kui patune mõte on südames eostunud, õhutab süda käsi ja jalgu pattu tegema. Kuna on olemas vaimne seadus, et patu palk on surm, tuleb pattu tehes minna põrgusse ja kannatada seal igavesti.

Sellepärast ütles Jeesus: *„Ja kui su jalg sind ajab patustama, raiu ta ära! Sul on parem minna jalutuna ellu kui kahe jalaga olla visatud põrgusse [kus nende uss ei sure ja tuli ei kustu]. Ja kui su silm sind ajab patustama, kisu ta välja. Sul on parem minna ühe silmaga Jumala riiki kui kahe silmaga olla visatud põrgusse."* (Markuse 9:45-47).

Kui palju kordi te olete oma käte ja jalgadega sündimisest alates patustanud? Mõned peksavad teisi vihast. Mõned varastavad ja teised kaotavad hasartmängudega kogu oma varanduse. Inimesed muutuvad oma jalgadega metsikuks ja lähevad sinna, kuhu nad minema ei peaks. Seega, kui teie jalad panevad teid pattu tegema, on parem nad otsast ära lõigata kui lõpetada kahe jalaga põrgusse heidetuna.

Samuti, kui palju patte te olete oma silmadega teinud? Ahnus ja abielurikkumine hävitavad teid kui te näete midagi, mida te oma silmadega nägema ei peaks. See on, miks Jeesus ütles, et kui teie silmad panevad teid patustama, oleks parem need välja kiskuda ja minna taevasse, selle asemel et olla visatud põrgusse pärast nendega patu tegemist.

Kui keegi tegi Vana Testamendi ajal oma silmaga pattu, torgati see välja, kui keegi tegi oma käe või jalaga pattu, lõigati see ära; kui keegi sooritas mõrva või abielurikkumise, tuli ta kividega surnuks pilduda (5. Moosese raamat 19:19-21).

Ilma Jeesuse Kristuse ristikannatuseta peaksid Jumala lapsed isegi täna oma käed või jalad otsast lõikama kui nad käte või jalgadega pattu teeksid. Kuid Jeesus võttis risti, Ta käed ja jalad naelutati ja Ta valas oma vere. Seda tehes pesi Ta ära teie käte ja jalgadega tehtud patud ja te ei pea enam kauem kannatama ega maksma oma pattude eest. Kui suur on Ta armastus!

Te peate meeles pidama, et Ta puhastab teid kõigist pattudest kui te käite valguses nii nagu Tema on valguses ja kui te tunnistate oma patud ja pöördute Tema poole (1. Johannese 1:7).

Seega on väga tähtis, et te täidaksite oma südame tõega, et elada võidukat elu tänuliku ja armulise südamega, mis on alati keskendunud Jumalale.

Jeesuse jalgu ei murtud, kuid Tema külg läbistati

Jeesuse surmapäev oli reede, päev enne hingamispäeva. Neil päevil peeti laupäeva hingamispäevaks ja juudid ei tahtnud, et kehad jääksid hingamispäevaks ristile.

Seega, nagu te võite Johannese 19:31 lugeda, palusid juudid Pontius Pilaatust, et jalad murtaks ja kehad võetaks alla.

Pontius Pilaatuse loal murdsid sõdurid Jeesuse mõlemal pool risti löödud röövlite jalad, aga nad ei murdnud Jeesuse jalgu, sest Ta oli juba surnud. Neil päevil peeti ristilööduid neetuks ja sellepärast murdsid sõdurid nende jalad. Seega on faktis, et nad Jeesuse jalgu ei murdnud, jumalik ettehoole.

Miks ei murtud Jeesuse jalgu?

Jeesus, kes oli patuta, oli neetud ja rippus ristil, et inimolendeid käsu needusest lunastada. Saatan ei saanud Ta jalgu murda, kuna Jeesus ei surnud oma patu tõttu, vaid Jumala ettehooldest.

Pealegi, Jumal kaitses Jeesust Tema luude murdmise eest, et täita Laul 34:21 sõnu, kus öeldakse: „*Ta hoiab kõiki Tema luid-liikmeid, ükski neist ei murdu.*"

4. Moosese raamatus 9:12 ütleb Jumal iisraellastele, et nad ei murraks lammast süües selle luid. Ta ütleb samuti 2. Moosese raamatus 12:46, et iisraellased võisid süüa lamba liha, kuid nad ei võinud ühtegi konti murda.

„Lammas" rääkis veatust laitmatust Jeesusest, kes ometi tõi

end armastusest meie vastu inimolendite ja nende pattude eest lepitusohvriks. Vastavalt Pühakirjale, kus öeldakse 2. Moosese raamatus 12:46: *„Ühes ja samas kojas tuleb seda [lammast] süüa, lihast ei tohi midagi viia kojast välja õue, ja luid ei tohi sellel murda!"*, ei murtud ühtegi Jeesuse luud.

Tema külge torgati odaga

Johannese 19:32-34 kirjeldatakse veel ühte õudsat stseeni:

Sõdurid tulid nüüd ja lõid katki sääreluud nii esimesel kui teisel, kes koos Jeesusega olid risti löödud. Aga kui nad tulid Jeesuse juurde ja nägid, et Ta oli juba surnud, siis nad ei löönud katki Tema sääreluid, vaid üks sõdur torkas piigiga Tema küljesse ning kohe voolas välja verd ja vett.

Isegi kui sõdur teadis juba, et Jeesus oli surnud, miks ta ikkagi torkas Jeesuse külge odaga, vallandades äkilise vere ja vee voolu? See illustreerib inimese kurjust.

Olgugi et Ta oli Jumal, ei nõudnud Jeesus oma õigusi Jumalana ega hoidnud neist kinni. Selle asemel loobus Ta iseenese olust, võttes orja kuju, saades inimese sarnaseks ja Ta leiti välimuselt inimesena. Ta alandas iseennast kuulekalt, saades kuulekaks surmani, pealegi ristisurmani, surres kurjategija surma. Sedamoodi avas Jeesus teile pääsemise ukse (Filiplastele 2:6-8).

Jeesus andis oma eluajal selles maailmas vangidele vabaduse, vaestele rikkuse ja tervendas haigeid ja nõrkasid. Tal ei olnud piisavalt aega, et süüa või magada kui Ta andis endast parima, et kuulutada Jumala Sõna, et päästa võimalikult palju hingesid. Ta läks mäele palvetama isegi siis kui Tema jüngrid puhkasid. Paljud juudid kiusasid Teda halvakspanuga, olgugi et Ta tegi vaid head. Lõpus lõid nad Ta oma kurjusest risti. Peale selle, hoolimata teadmisest, et Ta oli surnud, torkas Rooma sõdur Teda odaga. See räägib meile, et inimesed kuhjasid kurjust kurjuse peale.

Jumal näitas teie vastu oma määratut armastust, saates oma ainsa Poja Jeesuse Kristuse ja lastes Teda risti lüüa, et teid te pattudest lunastada, hoolimata inimolendite kurjusest.

Tema küljest verd ja vett valades

Nagu juba mainitud, läbistas Rooma sõdur Jeesuse külje oma kurjusest, hoolimata teadmisest, et Jeesus oli surnud. Kui sõdur läbistas Ta külje, voolas Jeesuse ihust verd ja vett. Sel vahejuhtumil on kolm tähendust.

Esiteks, see näitab teile, et Jeesus tuli lihas nagu Inimese Poeg. Johannese 1:14 öeldakse: *„Ja Sõna sai lihaks ja elas meie keskel, ja me nägime Tema kirkust nagu Isast Ainusündinu kirkust, täis armu ja tõtt."* Jumal tuli siia maailma lihas ja Ta oli Jeesus.

Patused ei saa Jumalat näha, sest nad hukkuvad Teda nähes. Seega ei saa Jumal otseselt nendele ilmuda ja tollepärast tuli Jeesus siia maailma lihas ja näitas palju tõendusi, mis panevad meid uskuma Jumalasse.

Piiblis öeldakse, et Jeesus oli teiesarnane inimene. Markuse 3:20 on kirjas: *„Ja Jeesus tuli koju ja taas kogunes rahvahulk, nii et nad ei saanud leibagi süüa."* Matteuse 8:24 öeldi meile: *„Ja vaata, järvel tõusis suur torm, nii et lained katsid paadi. Aga Jeesus magas."*

Mõned inimesed võivad imestada, kuidas Jumala Poeg Jeesus võis olla näljane või tunda valu. Aga kuna Jeesus oli luudest ja lihastest moodustatud ihus, pidi Ta sööma ja magama. Ta kannatas ka valu nii nagu meie.

Fakt, et Tema ihust voolas veri ja vesi kui Teda odaga torgati, annab teile veenva tõendi, et Jeesus tuli siia maailma lihas, olgugi et Ta oli Jumala Poeg.

Teiseks, see on järjekordne tõend, et teiegi võite saada osa jumalikust loomust, isegi kui teil on liha. Jumal tahab, et Tema lapsed oleksid sama pühad ja täielikud kui Tema ise. Seega Ta ütleb: *„Olge pühad, sest mina olen püha"* (1. Peetruse 1:16) ja *„Teie olge aga siis täiuslikud, nõnda nagu teie taevane Isa on täiuslik"* (Matteuse 5:48). Ta julgustab teid samuti sõnadega: *„Sel viisil on meile kingitud kõige kallimad ja suuremad tõotused, et te nende kaudu võiksite põgeneda kaduvusest, mis valitseb maailmas himude tõttu, ja saada jumaliku loomuse osaliseks"* (2. Peetruse 1:4) ja *„Mõelge iseenestes sedasama, mida Kristuses Jeesuses"* (Filiplastele 2:5).

Jeesus tuli siia maailma lihas ja sai Jumala tahte kohaselt teenriks ja täitis kogu oma kohuse. Ta täitis ka käsu armastusega, võites kõik katsumused ja raskused ja elades Jumala Sõna alusel.

Kuigi Ta oli teietaoline inimene, võttis Ta vabatahtlikult

vastu kogu valu ja järgis Jumala tahet vastupidavuse ja enesevalitsemisega ja ohverdas end armastusest, surres ristisurma ilma vastupanu ega kaeblemiseta.

Kuidas me võime siis jumalikust loomust Kristuse Jeesuse südamega osa saada?

Te peate risti lööma oma patuloomuse, mis koosneb kirest ja soovist, omama vaimset armastust ja palvetama südamest, et saada osa jumalikust loomusest, olles sama suhtumisega, mis oli Jeesusel.

Teisalt on lihalik armastus omakasupüüdlik ja see armastus jahtub ajaga. Sellise armastusega inimesed reedavad üksteist ja kannatavad valu kui nad ei ole kooskõlas.

Teiselt poolt tahab Jumal, et teil oleks armastus, mis on kannatlik, lahke ja ei ole enesekeskne. Seega, vaimne armastus ei muutu kunagi ja kasvab päev-päevalt. Teil võib olla Jeesuse suhtumine sama palju kui te omate vaimset armastust ja sama palju kui te heidate siira palvega igasuguse kurja enesest eemale.

Samamoodi võib igaüks saada Jumala armu ja väge kui ta otsib Tema abi paastu ja tõsimeelse palvega. Jumal teeb samuti tema heaks tööd, et saada vabaks igasugusest kurjast. Te paistate nagu päike taevariigis kui teil on vaimne armastus ja teis tulevad esile üheksa Püha Vaimu vilja (Galaatlastele 5) ja teid kiidetakse õndsaks (Matteuse 5).

Kolmandaks, Jeesuse valatud veri ja vesi on piisavalt vägev, et anda teile tõene igavene elu.

Jeesuse veri ja vesi olid veatud ja laitmatud, kuna Tal ei olnud pärispattu ja Ta ei teinud pattu. Vaimselt võis seda verd ja vett ellu äratada. Kuna Ta valas oma püha vere, on teie patud puhastatud ja te võite saada tõelise elu, mis viib pääsemisele, ülestõusmisele ja igavesse ellu.

Vesi, mis voolas Jeesuse ihust, sümboliseerib igavest vett, Jumala Sõna. Te võite olla täidetud tõega ja olla tõene Jumala laps sel määral, mil te mõistate Tema Sõna ja heidate ära oma patud, elades Sõna kohaselt.

Jeesus, kes oli plekita ja veatu, loobus kõigest, et anda teile tõeline elu, valades verd ja vett selle eest, isegi kui te polnud loomadest etemad.

Ma loodan, et te mõistate, et te olete päästetud hinda maksmata ja heidate eemale patud, palvetades tõsimeelselt usus, et te võiksite elada viljakalt Jeesuses Kristuses.

Peatükk 7

Jeesuse viimased seitse sõnumit ristil

- Isa, anna neile andeks
- Täna pead sa olema minuga paradiisis
- Naine, vaata, see on su poeg;
  see on su ema
- *Eloii, Eloii, lemaa sabahtani?*
- Mul on janu
- See on lõpetatud
- Isa, Sinu kätte ma annan oma vaimu

Aga Jeesus ütles: "Isa, anna neile andeks, sest nad ei tea, mida nad teevad!" ... (34. salm)

... Aga teine sõitles teda: „Karda ometi Jumalat, kuna sa oled sellesama karistuse all! Meie küll õigusega, sest me saame kätte, mis meie teod on väärt, aga Tema ei ole teinud midagi sündmatut." Ja ta ütles: „Jeesus, mõtle minu peale, kui Sa tuled oma kuningriiki!"Ja Jeesus ütles talle: „Tõesti, ma ütlen sulle, juba täna oled sa koos minuga paradiisis!" (40-46. salm)

Luuka 23:34-46

Enamik inimesi meenutab surma lähenedes oma elu. Nad jätavad oma pereliikmetele ja sõpradele viimased sõnad. Samamoodi sai Jeesus lihaks, tuli Jumala ettenägelikkuses siia maailma ja kuulutas ristil enne oma viimast hingetõmmet seitse sõnumit. Neid kutsutakse „Jeesuse viimaseks seitsmeks sõnumiks ristil."

Vaatame Jeesuse viimase seitsme ristilt öeldud sõnumi vaimset tähendust.

Isa, anna neile andeks

Filiplastele autor kirjeldab Jeesust järgmiselt. Jeesus:

Mõtelge iseenestes sedasama, mida Kristuses Jeesuses: kes, olles Jumala kuju, ei arvanud osaks olla Jumalaga võrdne, vaid loobus iseenese olust, võttes orja kuju, saades inimese sarnaseks; ja Ta leiti välimuselt inimesena. Ta alandas iseennast, saades kuulekaks surmani, pealegi ristisurmani (Filiplastele 2:5-8).

Jeesus löödi risti, et näidata Tema armastust ja kuulekust

Jumalale, et Ta võiks avada tee patuste pääsemiseks. Risti kõrval seisvad inimesed pilkasid koos juhtidega Jeesust: *„Teisi on Ta päästnud, päästku iseennast, kui Ta on see äravalitu, Jumala Messias!" (Luuka 23:35).*

Sõdurid pilkasid Teda samuti, pakkudes Talle haput veini ja öeldes: *„Kui Sa oled juutide kuningas, päästa iseennast!"* (37. salm) Üks ristil rippuvaist kurjategijatest teotas Teda, öeldes: *„Eks Sa ole Messias? Päästa siis Iseennast ja meid!"* (39. salm)

> *Ja kui nad tulid sinna paika, mida hüütakse Pealuuks, siis nad lõid Jeesuse sinna risti, samuti kurjategijad –ühe temast paremale, teise vasemale. [Aga Jeesus ütles: „Isa, anna neile andeks, sest nad ei tea, mida nad teevad!"] Aga nad heitsid liisku Tema rõivaid jagades (Luuka 23:33-34).*

Jeesus palus, et Jumal neile andestaks: „Isa, anna neile andeks, sest nad ei tea, mida nad teevad," kui Ta hingas viimast korda. Jeesus palus Isal halastada ja andestada inimestele, kes ei teadnud, et Jeesus, Jumala Poeg, löödi risti nende pattude andestamiseks. Võib-olla nad ei saanud isegi aru, et nende teod olid patt. See oli Tema esimene sõnum ristilt.

Jeesus palvetab armastusega Teda risti löövate inimeste eest

Jeesus, Jumala Poeg, palvetas nende eest, kes Teda risti lõid, olgugi et Tal ei olnud viga ega plekki. Kui sügav ja suur on Tema armastus! Jeesus oleks võinud lihtsalt ristilt alla tulla, et oma ristilöömist vältida, kuna Ta on üks kõikvõimsa Jumalaga ja Tal on Isa Jumala vägi. Kuid Ta löödi risti, et täita pääsemise plaani Jumala tahte kohaselt. Seega võis Ta taluda kõiki kannatusi ja häbi, palvetades nende eest kõigeks valmis oleva armastusega ja paludes neile andestust.

Jeesus palvetas tõsimeelselt: „Isa, anna neile andeks; sest nad ei tea, mida nad teevad." Siin ei tähista „nad" lihtsalt neid, kes Teda risti lõid ja pilkasid, vaid ka kõiki inimolendeid, kes ei võta Jeesust Kristust vastu ja elavad edasi pimeduses. Nii nagu Jeesust, Jumala Poega, risti löönud inimesed, teevad paljud inimesed pattu, sest nad ei tunne Jeesust Kristust ja tõde.

Teie vaenlane kurat kuulub pimedusse ja vihkab valgust, seega ta lõi Jeesuse, tõelise valguse, risti. Täna kontrollib kurat inimesi, kes kuuluvad pimedusse ja paneb nad taga kiusama neid, kes elavad valguses.

Kuidas te võite reageerida tõde mitte tundvate tagakiusajate puhul?

Jeesus õpetab teile oma esimese sõnumiga ristilt, missugune on Jumala tahe ja missugune peab olema kristlase suhtumine. Matteuse 5:44 öeldakse: *„Aga mina ütlen teile: „Armastage oma vaenlasi ja palvetage nende eest, kes teid taga kiusavad."* Nii peame me olema suutelised palvetama kõigi nende eest, kes meid taga kiusavad, öeldes: „Isa, anna neile andeks. Nad ei tea, mida nad teevad. Õnnista neid, et nemadki võiksid saada Isanda ja et me võiksime taas Taevas kohtuda."

Täna pead sa olema minuga paradiisis

Kaks kurjategijat löödi samuti risti kui Jeesus rippus ristil, mis oli püstitatud kõrgele Kolgatale, „Pealuu asemele" (Luuka 23:33).

Üks kurjategijatest pildus solvanguid Tema suunas, aga teine noomis esimest kurjategijat, parandas meelt ja võttis Jeesuse oma Päästjaks vastu. Siis lubas Jeesus talle, et Ta läheb temaga paradiisi. See on Jeesuse teine sõnum ristilt.

Aga üks ristil rippuvaist kurjategijaist teotas Jeesust: „Eks Sa ole Messias? Päästa siis Iseennast ja meid!" Aga teine sõitles teda: „Karda ometi Jumalat, kuna sa oled sellesama karistuse all! Meie küll õigusega, sest me saame kätte, mis meie teod on väärt, aga Tema ei ole teinud midagi sündmatut." Ja ta ütles: „Jeesus, mõtle minu peale, kui sa tuled oma kuningriiki! Ja Jeesus ütles talle: „Tõesti, ma ütlen sulle, juba täna oled sa koos minuga paradiisis!" (Luuka 23:39-43).

Jeesus kuulutas oma teise sõnumiga ristilt, et Tema oli Messias, kes võis andestada patustele kui nad meelt parandasid ja nad päästa.

Kui te loete nelja evangeeliumi, on kahe kurjategija vastused kirja pandud erinevalt. Matteuse 27:44 öeldakse: *„Just niisamuti teotasid Teda ka koos Temaga ristilöödud teeröövlid."* Markuse 15:32 on kirjas: *„Messias, Iisraeli kuningas, astugu nüüd ristilt alla, et me näeksime ja* *usuksime!" Ka need, kes Temaga koos olid risti löödud, teotasid Teda."* Nendest kahest evangeeliumist on näha, et mõlemad kurjategijad solvasid Jeesust.

Kuid Luuka 23 võib lugeda, kuidas üks kurjategija noomis teist ja parandas oma pattudest meelt, võttis Jeesuse Kristuse vastu ja sai päästetud. See ei tähenda, otsekui oleksid evangeeliumid üksteisega ebakõlas. Selle asemel lasi Jumal oma ettenägelikkuses autoritel kirjutada erinevalt. Piiblis on Jumala ettenägelikkus ja ajaloolised üksikasjad lühendatult. Kui kõik oleks üksikasjalikult kirja pandud, ei piisaks tuhandest Piiblist.

Kui täna midagi videokaameraga salvestada, saab seda hiljem vaadata, aga Jeesuse ajal ei olnud niisugust varustust, nii et nad ei saanud isegi ühtegi fotot teha, isegi kui tegu oli väga oluliste juhtumitega. Neid sündmusi sai vaid kirja panna. Väikeste erinevustega võib teatud olukorda kogeda ja taaselustada palju realistlikumalt.

Parem arusaam Jeesuse ristilöömisest

Kui Jeesus evangeeliumi kuulutas, järgnesid Talle suured rahvahulgad. Mõned tahtsid kuulata Tema sõnumit, teised tahtsid näha taevaseid imesid ja tunnustähti, kolmandad tahtsid süüa ja mõningad müüsid oma vara, et Jeesust teenida ja järgida.

Luuka 9. peatükis õnnistas Jeesus viit leivapätsi ja kahte kala. Sööjaid oli umbes viis tuhat inimest (Luuka 9:12-17). Kujutage ette kui palju inimesi, kaasa arvatud need, kes armastasid või vihkasid Jeesust ja muud rahva seas, olid kogunenud kohta, kus Ta risti löödi. Rahvasumm ümbritses risti sedavõrd, et sõdurid blokeerisid inimesi odade ja kilpidega. Kujutage ette risti eest oles ringis asuvaid inimesi Jeesuse peale karjumas. Rahvahulk solvas Teda. Isegi üks kahest kurjategijast, kes mõlemal pool Jeesust rippusid, solvas Teda.

Kes oleks olnud võimeline kuulma, mida esimene kurjategija ütles? Väga tõenäoliselt oli seal kärarikas, nii et vaid Jeesusele piisavalt lähedal seisvad inimesed võisid Tema sõnu kuulda. Teine kurjategija ütles midagi Jeesuse poole ja tal oli halb näoilme. Tegelikult see kurjategija noomis Jeesust solvanud kurjategijat. Kuid need, kes olid kaugel vastaspoolel, võisid kergesti mõtelda, et meelt parandav kurjategija sõitles keskel olevat Jeesust.

Teisalt mõtlesid Matteuse ja Markuse evangeeliumi kirjutajad, kes ei kuulnud kära tõttu meelt parandavat kurjategijat selgelt, et ka tema sõitles Jeesust. Nii nad kirjutasid, et mõlemad kurjategijad tänitasid Jeesust.

Teisalt kuulis Luuka evangeeliumi kirjutaja selgelt, seega ta teadis, et üks kahest kurjategijast ei solvanud, vaid hoopis parandas meelt. Eri kirjutajad olid erinevates kohtades ja kirjutasid erinevalt.

Jumal, kes teab kõike, lasi neil kirjutada erinevalt, nii et hilisemad sugupõlved võisid kõnealust olukorda selgelt tunnetada.

Taevane koht meelt parandanud kurjategija jaoks

Jeesus lubas ristil enne surma meelt parandanud kurjategijale: „Sa oled koos minuga paradiisis." Sellel on vaimne tähendus

Taevas, jumalariik, on väga suur ja ettekujutusega hoomamatu. Isegi Jesus ütles meile Johannese 14:2: *„Minu Isa majas on palju eluasemeid. Kui see nõnda ei oleks, kas ma siis oleksin teile öelnud, et ma lähen teile aset valmistama."* Laulukirjutaja õhutab meid: *„Kiitke Teda, taevaste taevad, ja kõik veed taevaste peal!"* (Laul 148:4). Nehemja 9:6 kiidab Jumalat, kes tegi taevad ja taevaste taevad. 2. Korintlastele 12:2 räägitakse *„inimesest Kristuses, keda neljateistkümne aasta eest – kas ta oli ihus, seda ma ei tea, või kas ta oli ihust väljas, seda ma ei tea, Jumal teab – tõmmati kolmanda taevani."* Johannese ilmutuses 21:2 räägitakse, et Uus Jeruusalemm on Jumala troonil.

Taevas on samuti palju asukohti. Kuid teil ei lubata elada ükskõik missuguses kohas, mille te ise valite. Kohtu Jumal tasub teist igaühele vastavalt sellele, mida te siin maailmas teinud olete: kui palju te peegeldate oma Isandat ja töötate Jumalariigi heaks ja kui palju te taevasse talletate jne. (Matteuse 11:12; Johannese ilmutus 22:12).

Johnnese 3:6 öeldakse: *„Lihast sündinu on liha, ja Vaimust sündinu on vaim."* Sõltuvalt määrast, mil inimene vabaneb lihalikest asjust ja saab vaimseks inimeseks, jaotuvad taevased asukohad sama vaimse tasemega rühmadeks.

Muidugi on iga taevane koht väga ilus, sest Jumal valitseb seda. Kuid isegi taevas on erinevused. Näiteks elustiil, hobid, elustandardid ja sarnane suurlinnas erineb suuresti maakoha omadest. Samamoodi on püha linn, Uus Jeruusalemm, kõige aulisem taevane koht, kus asub Jumala aujärg ja kus elavad lapsed, kes sarnanevad Temaga kõige enam.

Aga paradiis on see koht, kus elab viimasel minutil enne surma meelt parandanud kurjategija ja see asub taeva äärel. Seal elavad paljud teised, kes on häbistava pääsemise vastu võtnud. Need inimesed võtsid Jeesuse Kristuse vastu, aga ei teinud läbimurret, et vaimselt muutuda.

Miks läks meelt parandanud kurjategija paradiisi?

Ta tunnistas oma heast südamest, et ta oli patune ja võttis Jeesuse oma Päästjaks. Kuid ta ei vabanenud oma pattudest, ta ei elanud Jumala Sõna alusel ega kuulutanud teistele evangeeliumi. Ta ei töötanud Isandale. Ta ei teinud midagi, et mingit taevast autasu saada. Sellepärast läks ta taeva kõige madalamasse kohta – paradiisi.

Jeesuse allaminek ülemisse hauda

Isegi kui Jeesus lubas kurjategijale: „Täna saad sa olema minuga paradiisis," ei tähenda see, otsekui Jeesus elaks ainult paradiisis Taevas. Jeesus, kuningate kuningas ja isandate isand, valitseb ja elab koos kõikide Jumala lastega kogu Taevas, kaasa arvatud paradiis ja Uus Jeruusalemm. Selles mõttes Ta elab paradiisis ja samuti ka kõigis teistes taevastes kohtades.

Kui Jeesus ütles päästetud kurjategijale: „Täna pead sa minuga paradiisis olema," ei tähenda „täna" Jeesuse kindlat surmapäeva ega mingit muud spetsiaalset päeva. Jeesus mainis, et Ta on koos meelt parandanud kurjategijaga, kus iganes kurjategija oli sellest hetkest peale kui temast sai Jumala laps.

Kui viidata Piiblile, ei läinud Jeesus pärast oma surma paradiisi. Matteuse 12:40 räägib Jeesus mõnedele variseridest, et:

„Sest nii nagu Joona oli merekoletise kõhus kolm päeva ja kolm ööd, nõnda peab ka Inimese Poeg olema maapõues kolm päeva ja kolm ööd." Efeslastele 4:9 öeldakse: *„Aga see, et Ta on läinud üles, mis on see muud, kui et Ta on esmalt tulnud alla maa sügavamatesse paikadesse?"*
Lisaks öeldakse 1. Peetruse 3:18-19: *„Sest ka Kristus kannatas pattude pärat üheainsa korra, õige ülekohtuste eest, et Ta teid juhiks Jumala juurde, olles küll ihu poolest surmatud, ent elustatud vaimu läbi, kelles Ta läks ja kuulutas vangis olevaile vaimudele."* Jeesus läks ülemisse hauda ja kuulutas evangeeliumi vaimudele, enne kui Ta kolmandal päeval üles äratati. Miks see vajalik oli?

Enne kui Jeesus tuli siia maailma, ei olnud paljudel inimestel Vana Testamendi ajal ja isegi Uue Testamendi aegsetel inimestel võimalust evangeeliumi kuulda, kuid nad elasid headuses, võttes vastu Jumala. Kas see tähendab, et nad läksid kõik põrgusse üksnes kuna nad ei teadnud, kes oli Jeesus?

Jumal saatis oma ainsa Poja siia maailma ja kes iganes võtab Tema vastu, saab päästetud. Jumal ei oleks hakanud inimese kasvatamisega tegelema, et päästa vaid need, kes võtavad Jeesuse vastu pärast Tema ristilöömist. Nende üle, kellel ei olnud võimalust evangeeliumi kuulda, kuid kes elasid hea südametunnistusega, mõistetakse kohut nende südametunnistuse alusel.

Teiselt poolt, need inimesed, kes on südamelt head, kogunevad sedamoodi „Ülemisse hauda." Teisest küljest, „Hades", mida peetakse „Alumiseks hauaks", on see, kus kurjad hinged peavad elama kuni Kohtumõistmise Päevani. Pärast ristilöömist läks Jeesus Ülemisse Hauda ja kuulutas evangeeliumi vaimudele, kes ei teadnud evangeeliumi, kuid elasid hea südametunnistusega ja olid päästmist väärt.

Taeva all ei ole peale Jeesuse Kristuse nime inimestele antud ühtegi teist nime, milles nad võiksid saada päästetud. Sellepärast Jeesus läks ja kuulutas endast vaimudele, et nad võiksid Ta vastu võtta ja päästetud saada.

Piiblis öeldakse, et enne Jeesuse ristilöömist päästetud vaimud kantakse Aabrahami sülle (Luuka 16:22), kuid pärast Jeesuse ülestõusmist kantakse nad Jeesuse sülle.

Pääsemine vastavalt südametunnistuse kohtuotsusele

Enne kui Jeesus tuli siia maailma evangeeliumi levitama, elasid head inimesed oma südame õigsuse järele. See on südametunnistuse käsk. Head inimesed ei teinud kurja, isegi kui neil olid probleemid ja nad seisid raskustega silmitsi, kuna nad kuulasid oma südamehäält.

Roomlastele 1:20 öeldakse: *,,Tema nähtamatu olemus, Tema jäädav vägi ja jumalikkus on ju maailma loomisest peale nähtav, kui mõeldakse Tema tehtule, nii et nad ei saa endid vabandada.''*

Nähes universumit ja kuidas kõik maa peal on harmoonias, usuvad hea südamega inimesed, et igavene elu on olemas. Sellepärast ei ela nad vastavalt oma patuloomusele ja kontrollivad end, et jumalakartuses mitte maailmalikke lõbusid nautida.

Roomlastele 2:14-15 öeldakse: „*Kui paganad, kellel ei ole Moosese Seadust, ometi loomu poolest täidavad Seaduse sätteid, siis ilma Seaduseta olles on nad ise enesele seaduseks, näidates seega, et seadusepärane tegutsemine on kirjutatud nende südamesse; ühtlasi tõendavad seda ka nende südametunnistus ja nende mõtted, mis järgemööda kas süüdistavad või vabandavad neid.*"

Jumal andis käsuseaduse üksnes iisraellastele, kuid mitte paganatele. Kuid paganad otsekui elaksid seaduse järele kui nad elavad oma südameseaduse ja oma südametunnistuse järele, mis neil on ja mida nad kasutavad. Ei saa öelda, et need, kes ei usu Jeesust Kristust, ei saaks päästetud, kuna nad ei ole kunagi oma elus evangeeliumi kuulnud.

Nende seas, kes surid Jeesusest Kristusest kuulmata, oli inimesi, kes kontrollisid end ja ei lasknud oma puhta südame tõttu enda sisse kurje mõtteid. Need inimesed päästetakse vastavalt Jumala kohtuotsusele nende südametunnistuse alusel.

Naine, vaata, see on su poeg; see on su ema

Apostel Johannes kirjutas, mida ta nägi ja kuulis ristilt, kus Jeesus rippus. Seal oli palju naisi, kaasa arvatud Maarja, Jeesuse ema; Saloome, Tema ema õde; Maarja, Kloopase naine ja Maarja Magdaleena. Johannese 19:26-27 ütleb Jeesus kurvastavale Maarjale, et ta peaks Johannest oma pojaks ja ütleb Johannesele, et ta Maarjat oma emaks peaks:

Kui nüüd Jeesus nägi risti kõrval seismas oma ema ja jüngrit, keda Ta armastas, siis Ta ütles emale: „Naine, vaata, see on su poeg!" Seejärel ütles Ta oma jüngrile: „Vaata, see on su ema!" Ja selsamal tunnil võttis jünger ta enda juurde.

Miks ütles Jeesus Maarjale "naine," mitte "ema"?

Jeesus ei kasutanud sõna „ema", kuid apostel Johannes pani selle oma perspektiivist kirja. Miks kutsus siis Jeesus oma ema, kes Ta sünnitas, „naiseks"?

Kui Piiblist vaadata, ei kutsunud Jeesus teda „emaks."

Näiteks Johannese 2:1-11 tegi Jeesus pärast oma teenistuse algust esimese ime, muutes vee veiniks. See ime sündis Kaana pulmas Galileas. Jeesus ja Tema jüngrid kutsuti samuti pulma. Kui vein lõppes otsa, ütles Maarja Talle: „Neil ei ole veini", sest ta teadis, et Jumala Pojana võis Jeesus veest veini teha. Siis ütles Jeesus talle: *„Mis on sul minuga asja, naine? Minu tund ei ole veel tulnud."* (4. salm).

Jeesus vastas, et Tema Messiasena näitamise aeg ei olnud veel käes, kuigi Maarja tundis muret, et külalistele ei olnud enam veini jäänud. Vee muutmine veiniks tähendab vaimselt Jeesuse vere valamist ristil.

Jeesus kuulutas, et Ta tuli siia maailma meie Päästjana, et täita ristil inimese pääsemise jumalik plaan. Seega Ta kutsus Maarjat „naiseks," mitte „emaks."

Pealegi on meie Päästja Jeesus Kolmainu Jumal ja Looja. Looja Jumal on see, kes TA ON (2. Moosese raamat 3:14) ja Ta on Esimene ja Viimane (Johannese ilmutus 1:17, 2:8). Seega ei ole Jeesusel ema ja tollepärast kutsus Jeesus teda „naiseks," mitte „emaks."

Täna kutsuvad paljud Jumala lapsed Maarjat Jeesuse „pühaks emaks" või isegi teevad tema kujusid ja kummardavad neid. Te peaksite mõistma, et see on täiesti vale, sest ta ei ole meie Päästja ema (2. Moosese raamat 20:4).

Taevane kodakondsus

Jeesus trööstis Maarjat, kes kurvastas sügavalt Tema ristilöömise tõttu ja ütles oma armastatud jüngrile Johannesele, et ta hoolitseks Maarja nagu oma ema eest. Isegi kui Jeesus kannatas ristil kohutavat valu, hoolis Ta ikkagi väga sellest, mis Maarjast pärast Tema surma saab. Te võite Tema armastust siin kogeda.

Jeesuse kolmanda ristilt öeldud sõnumi kaudu võime me mõista, et me oleme usus kõik Jumala perekond – õed ja vennad. Matteuse 12. peatükis on stseen, kus Jeesuse perekond tuleb Teda vaatama. Kui Jeesusele öeldakse, et Tema ema ja vennad on väljas, ütleb Ta rahvale:

Tema aga kostis teate toojale: „Kes on mu ema ja kes on mu vennad?" Ja sirutades käed jüngrite poole ütles Ta: „Ennäe, mu ema ja mu vennad! Sest kes iganes teeb mu Isa tahtmist, kes on taevas, see on mu vend ja õde ja ema!" (Matteuse 12:48-50).

Kuna teie usk kasvab pärast Jeesuse Kristuse vastuvõtmist, muutub teie taevase kodakondsuse tunnetus selgemaks ja te armastate oma vendi ja õdesid Kristuses rohkem kui oma bioloogilisi perekonnaliikmeid. Kui teie pereliikmed ei ole Jumala lapsed, ei kesta teie perekond „perena" igavesti. Teie peresuhe lõpeb surmaga. Kui nad ei usu Jeesust Kristust ega ela Jumala tahte kohaselt, isegi kui nad väidavad end Jumalasse uskuvat, lähevad nad põrgusse, sest patu palk on surm (Matteuse 7:21).

Teie nähtav ihu muutub surma järgselt tagasi põrmuks, aga teil on suremu vaim. Kui Jumal võtab teie vaimu, olete te lihtsalt surnukeha, mis varsti mädaneb. Looja Jumal tegi esimese inimese maapõrmust ja hingas ta sõõrmetesse eluõhku, seega tema vaim muutus surematuks. Jumal sünnitab teie surematu vaimu ja teeb ihu, mis saab taas põrmuks. Seega on Tema teie tõene Isa.

Matteuse 23:9 öeldakse: „*Ja ärge hüüdke kedagi maa peal oma isaks, sest ainult üks on teie Juhataja – Kristus!*" See ei tähenda, et te ei peaks oma perekonna uskmatuid armastama. See on väga tähtis, et te tõesti armastate neid, kuulutate neile evangeeliumi ja juhite nad Jeesust Kristust vastu võtma.

Eloii, Eloii, lemaa sabahtani?

Jeesus löödi kolmandal tunnil risti ja kuuendast tunnist tuli üle kogu maa pimedus, mis kestis üheksanda tunnini kui Ta tegi oma viimase hingetõmbe. Tänapäevase ajamõistmise alusel löödi Ta risti kell üheksa hommikul ja kolm tundi hiljem, lõunal, kattis pimedus kogu maa kuni kolmeni pärastlõunal.

Ja kui keskpäev kätte jõudis, tuli pimedus üle kogu maa kuni kella kolmeni pärast lõunat. Ja kella kolme ajal kisendas Jeesus valju häälega: „Eloii, Eloii, lemaa sabahtani?" – see on tõlgitult: „Mu Jumal, mu Jumal, miks Sa mu maha jätsid?" (Markuse 15:33-34)

Kuus tundi hiljem, üheksandal tunnel, hüüdis Jeesus Jumala poole: „Eloii, Eloii, lemaa sabahtani?" See on Jeesuse neljas sõnum ristilt.

Jeesus oli kurnatud, sest Ta oli rippunud ristil kuus tundi, voolates verd ja vett tugeva kõrbepäikese all. Ta oli täiesti kurnatud. Miks Ta siis hüüdis?

Igal seitsmest Jeesuse sõnumist ristil on vaimne tähendus. Kui nad ei oleks kuuldavad olnud, oleksid nad olnud kasutud. Need seitse sõnumit kirjutati Piiblisse ettekavatsetult selgelt, et igaüks võiks Jumala tahet mõista.

Seega Ta hüüdis ristilt seitse sõnumit kogu jõust, et risti ümber olnud võisid seda selgelt kuulda ja kirja panna.

Mõned ütlevad, et Jeesus hüüdis halvakspanust Jumala vastu, sest Ta oli tulnud siia maailma lihas ja talunud vajadusetult suurt valu. Kuid see ei ole üldse tõene.

Miks hüüdis Jeesus *"Eloii, Eloii, lemaa sabahtani?"*

Ta tuli maa peale, et hävitada kuradi töö ja avada meile pääsemise uks.

Seega täitis Jeesus Jumala tahet surmani ja ohverdas end täielikult. Enne Tema ristilöömist palvetas Ta veel tõsimeelsemalt ja Tema higi oli nagu verepisarad, mis maha langesid (Luuka 22:42-44). Ta kandis oma risti, teades täielikult eesseisvat kannatust, mida Ta ristil talus.

Ta talus halba kohtlemist ja kannatas ristil, sest Ta teadis Jumala plaani inimolendite jaoks. Kuidas võis siis Jeesus oma surmaga silmitsi seismist halvaks panna? Tema hüüd ei olnud kurbuseohe ega Jumala noomimine. Jeesusel olid selle tegemiseks põhjused.

Esiteks tahtis Jeesus maailmale kuulutada, et Teda löödi risti kõikide patuste patust lunastamiseks.

Ta tahtis, et kõik mõistaksid, et Ta jättis oma taevase au ja Jumal eiras Teda täiesti, kuigi Ta oli Jumala üksainus Poeg. Ta hüüdis, et anda igaühele teada, et Ta kannatas ristil tohutut valu, et patuseid patust päästa ja lunastada. Piiblis näidatakse, et Tal oli kombeks kutsuda Jumalat „oma Isaks," kuid ristil kutsus Jeesus Teda „oma Jumalaks." Jeesus kutsus Teda nii, sest Ta läks patuste eest ristile ja patused ei saa Jumalat „Isaks" kutsuda.

Sel hetkel oli Jumal kõigi inimolendite patte kandvalt patuselt Jeesuselt au võtnud ja Jeesus ei julgenud Jumalat „Isaks" kutsuda. Samamoodi kui teie kutsute vastastikuse armastuse korral Jumalat „Abba, Isaks", aga Jumalast eemal olles kutsute Teda „Jumalaks" „Isa" asemel, sest te teete pattu või teil on nõrk usk.

Jumal tahab, et kõik inimesed saaksid Tema tõelisteks lasteks, kes võivad Teda „Isaks" kutsuda, võttes vastu Jeesuse Kristuse ja käies valguses.

Teiseks, Jeesus tahtis hoiatada inimesi, kes ei teadnud Jumala tahet ja elasid ikka pimeduses.

Jumal saatis oma ainsa Poja Jeesuse Kristuse siia maailma ja lasi Teda Ta oma loodute poolt pilgata ja risti lüüa. Jeesus teadis, miks Jumal eiras oma Poega, aga Teda risti löönud rahvahulk ei teadnud Jumala tahet. Ta hüüdis: „Mu Jumal, mu Jumal, miks Sa mu maha jätsid?", et teadmatud mõistaksid Jumala armastust ja parandaksid meelt, et nad võiksid pääsemise teele tagasi pöörduda.

Mul on janu

Vanas Testamendis on suur hulk prohvetlikke ettekuulutusi Jeesuse ristikannatuste kohta. Laulus 69:22 öeldakse: „*Vaid nad andsid mulle süüa mürkrohtu ja mu janus nad jootsid mind äädikaga.*" Nii nagu Laulus ette räägiti, kui Jeesus ütles: „Mul on janu", leotasid inimesed veiniäädikas käsna, panid käsna iisopitaime rootsu otsa ja tõstsid selle Jeesuse huultele.

Pärast seda ütles Jeesus, teades, et kõik on juba lõpetatud, et Kiri läheks täide: „Mul on janu!" Seal seisis äädikat täis anum. Nad torkasid nüüd äädikaga immutatud käsna iisopi roo otsa ja ulatasid selle Tema suu juurde (Johannese 19:28-29).

Kaua enne Jeesuse Kristuse sündimist Petlemma linnas, nägi laulukirjutaja nägemuses, et Jeesus lüüakse risti ja sureb ristil ja kirjutas sellest. Jeesus ütles: „Mul on janu", et täita Pühakirja.

Mõtleme, missugune vaimne tähendus oli Jeesuse viiendal ristisõnumil: „Mul on janu."

Jeesus kuulutab oma vaimset janu

Paljud inimesed suudavad taluda nälga, aga mitte janu. Jeesus oli täiesti kurnatud, sest Ta oli kuus tundi ristile naelutatud olnud ja lõõmava kõrbepäikese all oma vere valanud. Tema janu oli kirjeldamatult suur.

See ei tähenda, et Jeesus ei suutnud janu taluda kui Ta ütles: „Mul on janu." Ta teadis, et Ta naaseb väga varsti rahus Jumala juurde.

Tegelikult tundis Ta suuremat valu vaimse kui füüsilise janu tõttu. See on Jeesuse kindel soov Jumala laste jaoks: „Mul on janu, sest ma valasin oma vere. Leevenda mu janu, tasudes mu vere eest."

Jeesuse ristisurmast on möödas kaks tuhat aastat, aga Ta ütleb meile ikka veel, et Tal on janu. Tema janu tuli Ta vere valamisest. Ta valas oma vere teie pattude andestamiseks ja teile igavese elu andmiseks.

Jeesus ütleb teile, et Tal on janu, et näidata oma tahet neid kadunud hingi päästa. Seega, Jeesuse vere kaudu päästetud Jumala lastel tuleb Tema vere eest tasuda.

Tema vere tasub ja Ta janu kustutab see, kui me juhatame inimesed nende teadmatusest tingitud põrguteelt Taevasse.

Seega te peate olema tänulikud oma vere valanud Jeesuse eest ja kustutama Ta janu nüüd inimeste pääsemisele juhatamise kaudu.

See on lõpetatud

Johannese 19:30 jõi Jeesus Talle antud jooki ja ütles: „See on lõpetatud" ja langetanud pea, heitis hinge. Jeesus võttis vastu iisopi roo otsas oleva immutatud käsna mitte tollepärast, et Ta ei suutnud janu taluda, vaid Tema teol oli vaimne tähendus.

Jeesus tuli lihas siia maailma, et Teda inimkonna pattude eest risti löödaks. Jeesus täitis oma suurest armastusest meie vastu Vana Testamendi käsu ja kandis kõikide inimolendite patud ja needused nende eest. Vana Testamendi ajal tõid inimesed pärast patu tegemist Jumalale loomade vereohvreid. Kuid Jeesus sai oma vere valamisega ainsaks ohvriks kõigil aegadel tehtud pattude eest (Heebrealastele 10:11-12). Seega kui te võtate Jeesus Kristuse vastu, on teie patud andeks antud, sest Ta on teid juba lunastanud. Lunastav arm Jeesuse Kristuse kaudu räägib uuest veinist ja Ta jõi veiniäädikat, et meile uut veini anda.

Sõnumi „See on lõpetatud" vaimne tähendus

Jeesus ütles: „See on lõpetatud" ja heitis hinge. Mida see vaimselt tähendab?

Jeesus sai lihaks, tuli maa peale, kuulutas evangeeliumi, tervendas kõiki nõrkusi ja tõbesid ja avas pääsemise tee, minnes ristile kõigi surmamõistetute eest.

Ta täitis Vana Testamendi käsu armastusega, ohverdades end surmani. Samuti võitis Ta kuradi, hävitades kuradi töö täielikult. See tähendab, et Ta täitis inimliku pääsemise jumaliku plaani. Seetõttu ütles Jeesus ristil: „See on lõpetatud."

Jumal tahab, et Ta lapsed täidaksid kõike, elades Jumala tahte kohaselt, nii nagu Tema üks ja ainus Poeg Jeesus täitis kogu pääsemise ettehoolde, kuuletudes Isale kuni hetkeni, mil Ta ohverdas oma elu Jumala tahte ja plaani kohaselt.

Seega peate te esiteks Isanda südant jäljendama, saades vaimse armastuse: kandes üheksat Püha Vaimu vilja (Galaatlastele 5:22-23) ja rakendades ellu õndsakskiitmisi (Matteuse 5:3-10). Siis te peate olema ustav töös, mille te olete Isandalt saanud. Te peate juhtama Isanda juurde võimalikult palju inimesi tõsimeelse palve, evangeeliumi kuulutamise ja koguduse teenimisega.

Ma loodan, et igaüks teie seast, Jumala kallid lapsed, võidab maailma kindla usuga, taevalootuse ja Jumala armastusega ja tunnistab meie Isanda Jeesuse Kristuse eeskuju, järgides Jumalat ja Tema tahet tehes „See on lõpetatud".

Isa, Sinu kätte ma annan oma vaimu

Jeesus oli täiesti kurnatud oma viimaste sõnade ütlemise ajaks. Selles olukorras hüüdis Jeesus valju häälega: „Isa, Sinu kätte ma annan oma vaimu."

Ja Jeesus hüüdis valju häälega: „Isa, Sinu kätte ma

annan oma vaimu!" Seda öeldes heitis Ta hinge.
(Luuka 23:46).

Te võite tähele panna, et Jeesus kutsus Jumalat „Isaks" „minu Jumala" asemel. See näitab, et Jeesus on nüüd oma missiooni lepitusohvrina lõpetanud.

Jeesus andis oma vaimu ja hinge Jumalale

Miks andis Jeesus, kes tuli maa peale meie Päästjaks, oma vaimu ja hinge oma Isa kätte?

Inimene koosneb vaimust, hingest ja ihust (1. Tessalooniklastele 5:23). Kui ta sureb, lahkuvad tema vaim ja hing ihust. Tema vaim ja hing naasevad Jumala juurde kui ta on Jumala laps. Muul juhul lähevad tema vaim ja hing põrgusse (Luuka 16:19-31). Tema ihu maetakse ja saab taas põrmuks.

Jeesus, Jumala Poeg, sai lihaks ja tuli siia maailma. Tal oli vaim, hing ja ihu nagu meilgi. Kuna Ta löödi risti, suri küll Tema ihu, ent mitte Tema vaim ja hing; Ta andis oma vaimu ja hinge Jumala kätte.

Kui te surete, võtab Jumal teie hinge ja vaimu vastu. Kui Jumal võtaks vastu vaid vaimu, kuid mitte hinge, ei kogeks te taevas kunagi tõelist õnne ega oleks kogu südamest tänulik. Miks? Teile ei meenuks asjad, mis tulevad teie hingest nagu pisarad, kurbus, kannatus ja muud asjad, mida te maa peal kannatasite. Sellepärast võtab Jumal vastu teie vaimu ja hinge.

Miks siis Jeesus andis Jumalale oma vaimu ja hinge? Sest Jumal on Looja, kes valitseb kõike universumis ja kannab hoolt

teie elu, surma, needuse ja õnnistuse eest. Teiste sõnadega, kõik
kuulub Jumalale ja on Tema võimu all. Jumal on ainus, kes te
palvetele vastab. Seega pidi Jeesus ise palvetama, et anda oma
vaim ja hing Isa Jumala kätesse (Matteuse 10:29-31).

Jeesus palvetas valjult

Miks Jeesus palvetas valjuhäälselt ajal, mil Ta talus suuri
kannatusi, öeldes: "Isa, Sinu kätte ma annan oma vaimu"?

See oli nii, sest Ta tahtis, et inimesed kuuleksid ja võiksid
teada, et palves Jumala poole hüüdmine on Jumala tahe. Tema
vaimu Jumala kätte andmise palve oli sama tõsimeelne kui Ta
palve Ketsemanes veidi aega enne Ta kinnivõtmist.

Samuti tõendab Jeesuse palve: „Isa, sinu kätte ma annan oma
vaimu," et Jeesus täitis kõik Jumala tahte kohaselt. See tähendab,
et Ta võis nüüd, olles oma töö Jumalale täielikus sõnakuulmises
lõpetanud, oma vaimu uhkusega Jumala kätesse anda.

Apostel Paulus tunnistas: „*Olen võidelnud head võitlemist,
lõpetanud elujooksu, säilitanud usu. Nüüd on mulle valmis
pandud õiguse pärg, mille Isand, õiglane kohtunik, oma
päeval mulle annab, aga mitte üksnes mulle, vaid kõikidele,
kes igatsevad Tema ilmumist*" (2. Timoteosele 4:7-8).

Diakon Stefanos elas samuti Jumala tahte kohaselt ja hoidis
oma usku alal. Sellepärast ta võis oma viimase hingetõmbe ajal
palvetada: „Isand Jeesus, võta mu vaim vastu" (Apostlite teod
7:59). Apostlid Paulus ja Stefanos ei oleks saanud niimoodi
palvetada kui nad oleksid maailmalikku elu elanud, ajades taga
patuloomusest võrsunud rõõme.

Samuti võite teie nagu Jeesuski uhkusega öelda: „See on lõpetatud" ja „Isa, Sinu kätte annan ma oma vaimu," kui te olete elanud üksnes Jumala Isa tahte järgi.

Mis juhtus pärast Jeesuse surma?

Jeesus suri ristil, pärast oma viimast valjuhäälset sõnumit meile. Oli üheksas tund (kell kolm pärastlõunal). Isegi kuigi et oli päev, tuli pimedus kuuendast (keskpäeva) tunnist maa peale üheksanda tunnini ja templi eesriie lõhenes kaheks (Luuka 23:44-45).

Ja ennäe, templi vahevaip kärises ülalt alla kaheks ja maa värises ja kaljud murdusid ja hauakambrid avanesid ja ärkas üles palju magama uinunud pühade ihusid ja need tulid hauakambritest välja ja läksid pärast Tema surnuist ülesäratamist pühasse linna ja paljud said seda näha (Matteuse 27:51-53).

Fraasis „templi vahevaip kärises ülalt alla kaheks" sisaldub tähtis vaimne sõnum. Templi pikk eesriie oli Püha paiga eraldamiseks Pühamast pühast paigast. Mitte keegi peale ülempreestri ei saanud siseneda Pühamast pühamasse paika kord aastas.

Templi eesriide lõhenemine tähendab, et Jeesus pakkus end rahuohvriks, et rebida maha patumüür. Enne eesriide kaheks rebenemist tõi ülempreester inimeste eest patuohvreid ja oli nende ja Jumala vahemees.

Teil võib olla otsesuhe Jumalaga, kuna Jeesuse surm tõmbas patumüüri alla. See tähendab, kes iganes usub Jeesust Kristust, võib pühapaika siseneda ja Jumalat kummardada ja paluda ning ei vaja ülempreestrite ega prohvetite vahendamist.

Seega märgib Heebrealastele kirjutaja: *„ Vennad, et meil on siis Jeesuse vere varal julgus sisse minna kõige pühamasse paika – selle tee on Ta avanud meile uuena ja elavana vahevaiba, see on oma ihu kaudu"* (Heebrealastele 10:19-20).

Lisaks maa värises ja kaljud lõhenesid. Kõik need ebaloomulikud sündmused räägivad, et kogu selle maailma loomust raputati. See kujutas Jumala kurbust inimese kurjuse pärast. Jumal väljendas oma sügavat valu, sest inimsüda oli liiga paadunud, et võtta vastu Jeesus Kristus, isegi kui Ta oli andnud oma ainsa Poja nende päästmiseks.

Hauad avanesid ja paljude surnud pühade ihud ärkasid ellu. See tõendab ülestõusmist, et kes iganes usub Jeesus Kristust, on andeks saanud ja elab taas.

Seega ma loodan, et te mõistate Isanda viimase seitsme sõnumi vaimset tähendust ja armastust, et te võiksite elada võidukat kristlase elu, igatsedes usuisade taoliselt Isanda ilmumist.

Peatükk 8

TÕELINE USK JA IGAVENE ELU

- Kui sügav on see saladus!
- Valed tunnistused ei vii päästmisele
- Inimese Poja liha ja veri
- Andekssaamine vaid valguses elamise teel
- Usk tegudes on õige usk

Kes minu liha sööb ning minu verd joob, sellel on igavene elu ja mina äratan ta üles viimsel päeval, sest minu liha on tõeline roog ja minu veri on tõeline jook. Kes minu liha sööb ning minu verd joob, see jääb minusse ja mina temasse.

Johannese 6:54-57

Jeesus Kristusesse uskumise ja koguduses käimise ülim eesmärk on saada päästetud ja igavese elu osaliseks. Kuid paljud inimesed usuvad, et nad päästetakse lihtsalt pühapäevase koguduseskäimise ja Jeesuse Kristuse usu tunnistamise tõttu, ilma Jumala Sõna järgi elamata.

Muidugi, Galaatlastele 2:16 öeldu alusel: *„Aga teades, et inimene ei saa õigeks Seaduse tegude kaudu, vaid ainult usu läbi Kristusesse Jeesusesse, siis oleme ka meie uskunud Kristusesse Jeesusesse, et saada õigeks usust Kristusesse ja mitte Seaduse tegude kaudu, sest Seaduse tegude kaudu ei mõisteta õigeks ühtegi inimest,"* ei saa te taevariiki ega õigeks üksnes välispidise käsuseaduse järgimisega, eriti kui teie süda on täis kurjust. Teil ei ole osadust Jeesuse Kristusega, kui te teete edasi pattu ja ei järgi Jumala Sõna, isegi kui te olete seda õppinud.

Seega te peaksite aru saama, et teil on raske saada päästetud lihtsalt suuga usu tunnistamise kaudu. Jeesuse Kristuse veri puhastab teid pattudest, et teid päästa vaid siis kui te käite valguses ja elate tões. Teil peab olema tõeline usk, mis on tegudes (1. Johannese 1:5-7).

Nüüd, kaalutlegem üksikasjalikult, kuidas saada tõelist usku, et saada tõeliste Jumala lastena kogu pääsemise ja igavese elu osaliseks.

Kui sügav on see saladus!

Efeslastele 5:31-32 on kirjas: *„Seepärast jätab mees maha oma isa ja ema ning hoiab oma naise poole, ja need kaks saavad üheks. See saladus on suur: ma räägin Kristusest ja kogudusest."*

Praktiline mõistus ütleb, et inimesed jätavad oma vanemad ja ühinevad oma abielumehe või –naisega kui nad suureks saavad. Miks siis Jumal ütles, et see oli suur saladus? Selle salmi tõlgendamisel ja sõna-sõnalt mõistmise korral ei teaks te, mis see „suur saladus" on, aga kui te mõistate selle taga seisvat vaimset tähendust, täidab see teid rõõmuga.

Siinne „kogudus" tähistab Jumala lapsi, kes on Püha Vaimu vastu võtnud. Nimelt, Jumal võrdles Jeesuse Kristuse ja usklike suhet mehe ja naise ühendusega.

Kuidas jätta maailm ja olla üks oma peigmehe Jeesuse Kristusega?

Kui Jeesus Kristus usu kaudu vastu võtta

Kui esimene inimene Aadam tegi pattu, Jumalale sõnakuulmatu olles, sisenes patt maailma. Kõigist tema järeltulijaist said patu orjad ja maailma valitseva vaenlase kuradi orjad.

Enne Jeesus Kristuse vastuvõtmist kuulusite te siia maailma ja vaenlasele kuradile, kellel on selle pimeduse maailma vägi. Seda kinnitab Johannese 8:44, kus on kirjutatud: *„Teie olete oma isast kuradist ning tahate teha oma isa himude järgi. Tema on* *mõrtsukas algusest peale, ta ei püsinud tões, sest temas ei ole tõde. Kui ta räägib valet, siis ta räägib enda oma, sest ta on valetaja ja vale isa"* ja 1. Johannese 3:8, kus öeldakse: *„Kes teeb pattu, on kuradist, sest kurat teeb pattu algusest peale."*

Aga kui te võtate Jeesus Kristuse oma Päästjaks ja tulete valguse kätte, saate te Jumala lapse meelevalla ja vabanete pattudest, sest te patud on Jeesuse Kristuse vere kaudu andeks antud.

Kui teil on usk, et Jeesus Kristus on teid risti kandmise teel pattudest lunastanud, annab Jumal teile Püha Vaimu anni ja Püha Vaim sünnitab vaimu teie südames. Püha Vaim räägib teile ja õpetab, mis on Jumala tahe, et te käiksite ja elaksite tões.

Siis saate te Jumala lapseks, keda juhatab Jumala Vaim, kelles te hüüate: „Abba, Isa" (Roomlastele 8:14-15) ja pärite taevariigi.

Kui imeline ja saaduslik on see, et kuradi lapsed, kes pidid kunagi lõpetama igavese surmaga, on saanud Jumala lasteks, kes lähevad nüüd usu kaudu Taevasse!

Kui te olete ühendatud Jeesuse Kristusega Temasse uskudes, tuleb Püha Vaim teie südamesse ja on ühendatud eluseemnega. Jumal lõi esimese inimese põrmust ja hingas tema sõõrmetesse eluõhku. Eluõhk on eluseeme, elu ise. Seega, see ei saa kunagi surra ja on pärandatud järglastele inimolendite sperma ja munarakkude kaudu ühest sugupõlvest teiseni.

See eluseeme on südamesse mähkunud. Pärast seda kui Jumal lõi Aadama, istutas Ta tema südamesse elu teadmise, vaimu teadmise. Samamoodi, kuidas vastsündinud laps peab õppima selle maailma tarkust, et temast saaks kultuuri tundev iseloomuga inimene ja et ta elaks nagu inimolend, on inimolendil vaja elutarkust, et temast saaks tõeline elav olend, isegi kui ta on juba elus.

Aadam oli kord täidetud ainult vaimu teadmisega, nimelt tõega. Kuid pärast seda kui ta oli Jumalale sõnakuulmatu, katkes tema osadus Jumalaga. Siis hakkas ta vähehaaval vaimu teadmist kaotama ja ebatõde võttis tema südames aset.

Sestsaadik sai varem vaid tõega täidetud süda täidetud kahes osas: tõe ja ebatõega. Näiteks, Aadama südames oli armastus, aga vaenlane kurat istutas temasse ebatõe – vihkamise. Selle tulemusel nagu võib näha 1. Moosese raamatu 4. peatükist tappis Kain, kelle Aadam eostas pärast patu tegemist, kadedusest ja armukadedusest oma venna Aabeli.

Aja möödudes hakkas südames arenema teine osa, mis oli täidetud tõe ja ebatõega. Seda osa kutsutakse „loomuseks." Te pärisite oma iseloomu ja omadused oma vanematelt. Teie panustate oma meelde selle, mida te näete, kuulete ja õpite, koos oma tunnetega. Need kaks moodustavad „loomuse" tõe otsinguil.

Seda loomust kutsutakse sageli „südametunnistuseks" ja see on moodustunud väga erinevalt, sõltuvalt missuguste inimestega te kohtute, missuguseid raamatuid te loete ja missugustes oludes te kasvasite. Näiteks kui vaadata sama sündmust või isikut, ütlevad mõned: „See on kuri," kuna teised võivad öelda: „See on hea" või „See kuulub headusele."

Seega kui te analüüsite kellegi südant, on selles tõeline osa, mis kuulub Jumalale ja ebatõene osa, mis tuleb saatanalt ja inimloomus, mis on nende kahe osa tagajärjel moodustunud.

Püha Vaim on ühendatud eluseemnega südames

Aadama puhul ümbritsesid need kolm osa Jumala poolt südamesse antud eluseemet. Selles olekus täitus Jumala Sõna: „Sa sured" kui Aadam sõi hea ja kurja tundmise puust. Isegi kui eluseeme on olemas, ei erine see surnust kui see ei toimi.

Kui te näiteks külvate seemneid põllule, ei võrsu kõik seemed, sest mõned neist on juba surnud. Kuid kui kõik seemed on elavad, võrsuvad need kindlasti.

Inimolenditega on samamoodi. Kui Jumala antud eluseeme on täiesti surnud, ei saa seda elustada ja Jumalal ei ole vajadust valmistada Jeesus Kristust inimolendite päästmiseks või Taevasse või põrgusse saatmiseks.

Aga inimesele Jumala eluõhu hingamise kaudu antud seeme on igavene. Kui te kuulete evangeeliumi, elustab see eluseemne; mida avaram on teie südame tõeline osa, seda lihtsamalt te suudate evangeeliumi vastu võtta. Kes iganes kuuleb risti sõnumit ja võtab Jeesus Kristuse vastu, võtab Püha Vaimu vastu. Sel ajal on teie südame eluseeme Püha Vaimuga ühendatud.

Vastupidiselt, inimestel, kelle südametunnistus on otsekui tulise rauaga põletatud, ei ole ruumi evangeeliumi vastuvõtmiseks, sest nende ebatõene süda ümbritseb eluseemet nende südames ja varjab selle täielikult ära. Eluseeme, mis on olnud surmaseisundis, saab jõudu oma osa täitmiseks kui see ühineb Jumala suure väega, Püha Vaimuga.

Et saada vaiminimeseks

Kui te osalete ülistusteenistustel, mõistate Jumala Sõna ja palvetate, tuleb teie üle Jumala arm ja tugev vägi ja võimaldab teil järgida Püha Vaimu loomust.

Selle protsessi kaudu saavad teie süda ja vaim üheks, kuna teie süda muutub üha enam tõeseks ebatõe eemaldumise ja tõega täitumise teel. Kui inimsüda on täielikult täidetud vaimu ja tõe tundmisega, on see süda vaim ise, samamoodi nagu oli esimene inimene Aadam.

Isegi kui te võite paista ustav, tegutsete te oma loomu kohaselt kui te ei palveta. Püha Vaim ei saa teis sünnitada vaimu ja te olete ikkagi lihalik inimene. Veel enam, te ei saa Püha Vaimu loomust järgida kui te ei tee lõppu oma mõtetele või argumentidele, isegi kui te palvetate väga usinalt või väga kaua. Seega ei saa te vaiminimeseks muunduda.

Püha Vaim võimaldab teil mõtelda teie südames oleva tõe kohaselt. See tähendab kui te elate Püha Vaimu soovide järgi. Seepärast töötab saatan samamoodi, viies teid hukatuse teele, ahvatledes teid järgima lihalikke mõtteid määral, mil teie südames on ikka veel ebatõde.

Seega tuleb teil vabaneda nii lihalikest mõtetest kui ka eneseõigusest nagu öeldakse 2. Korintlastele 10:5: „*Me purustame iga kõrkuse, mis tõstab end jumalatunnetuse vastu, ja me võtame vangi Kristuse sõnakuulmisesse kõik mõtted.*"

Kui te kuuletute Jumala Sõnale ja ütlete: „Jah" ja järgite Püha Vaimu soovi, saab teie süda olla üksnes tõde täis ja siis võib teist saada täiesti pühitsetud vaiminimene.

Te võite saada mida iganes te palute

Te saate üheks Isandaga kui te heidate enesest ära kogu ebatõe, lõpetate „eneseõiguse", lastes Pühal Vaimul sünnitada inimvaimu ja tehes oma südame sama puhtaks kui meie Isanda Jeesuse Kristuse süda on.

Mees ja naine saavad üheks lihaks ja eostavad lapse sperma ja munaraku ühinemise teel. Samamoodi kui te tulete maailmast Jeesuse Kristuse vastuvõtmise kaudu välja ja saate Temaga – oma peigmehega üheks, sünnib teis Püha Vaimu läbi vaim ja te saate rohked Jumala lapse õnnistused.

Nagu öeldakse Roomlastele 12:3, on eri usumõõdud ja te saate vastused vastavalt nendele mõõtudele. 1. Johannese 2:12 ja edasi võrreldakse usu kasvamist inimolendite kasvuprotsessiga.

Neil, kes võtavad Jeesuse Kristuse vastu, saavad Püha Vaimu ja päästetakse, on väikeste laste moodi usk (1. Johannese 2:12). Need, kes tõde ellu rakendada püüavad, on laste sarnase usuga (1. Johannese 2:13). Kui nad sellest staadiumist rohkem välja kasvavad ja tegelikult tõde ellu rakendavad, on neil noorte moodi usk (1. Johannese 2:13). Kui nad kasvavad rohkem, on neil isade usk (1. Johannese 2:13).

Kui te loete Vanast Testamendist Iiobi kohta, tunnistas Jumal ta süütuks ja ausaks meheks, aga kui saatan väljakutse esitas, lubas Jumal tal Iiobit läbi katsuda.

Esialgu rõhutas Iiob, et ta oli õige. Aga ta mõistis peagi oma kurjust ja parandas Jumala ees meelt kui läbikatsumine ta loomuses oleva kurjuse paljastas. Iiobi eneseõigus lõppes ja ta süda muutus õigeks ja puhtaks Jumala ees. Ainult siis võis Jumal teda varasemaga võrreldes topelt õnnistada.

Samamoodi, kui te saate oma eneseõigust lõpetades ja Isandaga üheks saades isade usumõõdu, mis on usu kõrgeim faas, võite te Jumala lapsena ülevoolavad õnnistused vastu võtta. See on, mida Jumal lubas 1. Johannese 3:21-22: *„Armsad, kui meie süda ei süüdista, siis on meil julgus Jumala ees ja mida me iganes palume, seda me saame Temalt, sest me peame Tema käske ja teeme, mis on Tema silmis meelepärane.''*

Te võite Jumala lapsena õnnistusi nautida

Sel moel saate te Jeesuse Kristusega üheks sel määral, mil määral te muutute vaimseks. Te saate samuti Jumalaga ühekssaamise õnnistuse kui te saavutate Jumala õigsuse.

Jeesus lubas teile Johannese 15:7: *„Kui te jääte minusse ja minu sõnad jäävad teisse, siis paluge, mida te iganes tahate, ning see sünnib teile.''* Samuti ütleb Ta meile Johannese 17:21: *„et kõik oleksid üks, nii nagu sina, Isa, minus ja mina Sinus, et nemadki oleksid meis, et maailm usuks, et Sina oled minu läkitanud.''*

Samamoodi kui te olete Isandaga ühendatud sellest kuradi pimeduse väe valitsuse alusest maailmast väljudes, saate te oma Isa Jumalaga üheks. Selle kohta on Galaatlastele 4:4-7 kirjutatud järgnevat:

Aga kui aeg sai täis, läkitas Jumal oma Poja, kes sündis naisest, sündis Seaduse alla, lahti ostma seadusealuseid, et me saaksime pojaseisuse. Et te

olete aga pojad, siis on Jumal läkitanud teie
südamesse oma Poja Vaimu, kes hüüab „Abba! Isa!"
Nõnda ei ole sa enam ori, vaid poeg, aga kui sa oled
poeg,siis sa oled ka pärija Jumala kaudu.

Sel moel, kuidas inimesed pärivad oma vanemate omandi, pärite teie Jumalariigi kui te saate Jeesuse Kristuse vastuvõtmise kaudu Tema lapseks. See tähendab, et kuradi lapsed pärivad kuradilt põrgu ja Jumala lapsed Jumala käest Taeva.

Kuid teil tuleb meeles pidada, et need, kelle vaim ei sünni Püha Vaimu kaudu, peavad minema põrgusse, sest Taevas on puhas paik, mis on täidetud vaid tõega ja sel määral, mil te vaim õitseb ja saab Jumalaga üheks, saate te Jumalale lähemal Taevas viibimise au.

Seega ma loodan, et te saate oma peigmehe Jeesuse Kristuse vastuvõtmisega igavese elu õnnistuse ja muutute Isanda Jeesuse ja Jumala Isaga üheks, visates eemale kogu ebatõe ja heites ära eneseõiguse. Sel viisil võite te Jumalale kogu au anda.

Valed tunnistused ei vii päästmisele

Jeesus Kristus saab teie päris peigmeheks, kes viib teid igavese elu ja õnnistuse teele kui te olete Temaga usu kaudu ühendatud. Kui te sarnanete Jeesuse Kristuse – oma peigmehe – südamele ja saate täieliku usu, ei päri te mitte ainult Taevariiki, vaid särate seal ka nagu päike.

Kui te loete Piiblit tähelepanelikult, leiate te, et mõned

inimesed, kes väidavad end Jumalasse uskuvat, ei ole päästetud. Matteuse 25. peatükis on tähendamissõna kümnest neitsist. Viis tarka õli kogunud neitsit päästeti, aga teised viis rumalat neitsit ei saanud päästetud.

Samuti ütleb Jumal Piiblis selgelt, kes saab ja kes ei saa päästetud, isegi kui igaüks neist väidaks endal usku olevat. Te teaksite siis, missugust elu te peaksite elama, et päästetud saada.

Matteuse 7:21 öeldakse selgelt: *„Mitte igaüks, kes mulle ütleb: „Isand, Isand!", ei saa Taevariiki; saab vaid see, kes teeb mu Isa tahtmist, kes on Taevas."* Kui te kutsute Jeesust „Isand, Isand!", tähendab see, et te usute, et Jeesus on Kristus. Kuid te ei saa pääseda vaid Isanda nime hüüdes ja pühapäeviti koguduses käies.

Kurjategijad ei saa päästetud

Jumal räägib teile kohtumõistmisest Matteuse 13:40-42:

Nii nagu nüüd raiheinad korjatakse ja tulega ära põletatakse, nõnda on ka selle ajastu lõpul. Inimese Poeg läkitab oma inglid ja need korjavad Tema Kuningriigist kõik pahanduse- ja ülekohtutegijad ja viskavad nad tuleahju: seal on ulgumine ja hammaste kiristamine.

Kui põllumees saaki koristab, kogub ta nisu oma aita, aga põletab aganad tules. Samamoodi ütleb Jumal teile, et need, kes ei ole Jumala ees õiged, peavad seisma silmitsi karistusega.

„Kõik, mis pattu põhjustab" tähistab kõiki neid, kes väidavad end Jumalasse uskuvat, kuid ahvatlevad vendi ja õdesid usus ja põhjustavad nende usukaotuse. Seega teid ei päästeta kui te panete inimesed pattu ja kurja tegema.

Mis siis on kuri? 1. Johannese 3:4 öeldakse: *„ Igaüks, kes teeb pattu, rikub ka seadust, ning patt on seaduserikkumine."*
Nii nagu igal maal on oma seadustik, on Jumalariigis samuti vaimne seadus. Vaimusfääri seadus on Piiblisse kirjapandud Jumala Sõna. Kes iganes rikub Jumala Sõna, on hukka mõistetud nii nagu iga seaduserikkujat süüdistatakse seaduslikul alusel. Seega Jumala Sõna rikkumine on kuri ja patt.

Jumala Seadust võib üldjoontes jagada nelja kategooriasse: „käsud," „keelud," „hoida käskimised" ja „ära heita käskimised." Kuna Jumal on valgus, ütleb Ta oma lastele, et nad teeksid õigust, mitte seda, mis on vale ja täidaksid Jumala laste kohustusi ning heidaksid ära selle, mida Jumal põlgab, sest Ta tahab, et Ta lapsed elaksid valguses.

5. Moosese raamatus 10:12-13 kannustab Jumal meid: *„Ja nüüd, Iisrael, mida nõuab Isand, su Jumal, sinult muud, kui et sa kardaksid Isandat, oma Jumalat, käiksid kõigil Tema teedel ja armastaksid Teda, ja et sa teeniksid Isandat, oma Jumalat, kõigest oma südamest ja kõigest oma hingest, et sa peaksid Isanda käske ja seadusi, mis ma täna sulle annan, et su käsi hästi käiks?"* Teiselt poolt, te saate õnnistused kui te Jumala Sõna ellu rakendate. Teisalt saate te igavese surma kurja ja patu tõttu kui te ei ela Tema Sõna kohaselt.

Galaatlastele 5:19-21 märgitakse, missugused on liha teod:

Lihaliku loomuse teod on ilmsed, need on: hoorus, rüvedus, kõlvatus, ebajumalateenistus, nõidus, vaen, riid, kiivus, raevutsemine, isemeelsus, lõhed, lahknemised, kadetsemine, purjutamised, prassimised ja muu sarnane, mille eest ma teid hoiatan, nagu ma varemgi olen hoiatanud, et need,kes midagi niisugust teevad, ei päri Jumala riiki.

„Ebamoraalsus" tähistab igasugust seksuaalset ebapuhtust ja puhtaks mitte jäämist, kaasa arvatud seksuaalsuhet enne seaduslikku abielu. „Ebapuhtus" tähendab siin korratut tegevust, mis väljub kaine mõistuse piirest ja tuleneb patuloomusest.

„Sensuaalsus" on see kui te alati järgite oma patust seksuaalset ebamoraalsust ja elate sõnade ja tegude poolest abielurikkumises. „Ebajumalakummardamine" on kullast, hõbedast, pronksist või mingist muust materjalist objektide kummardamine või kui te armastate midagi Jumalast rohkem.

„Nõidus" on kellegi kavalate valedega ahvatlemine. „Vaen" on soov hävitada teised inimesed vaenulikkusega, mis on armastuse vastand. „Riid" viitab tegevusele, kus võideldakse enesekasu ja võimu nimel. „Armukadedus" on teise inimese vihkamine, sest te tunnete, et ta on teist parem. „Vihapursked" ei tähenda lihtsalt vihast olekut, vaid teistele äärmusliku vihaga kahju tekitamist.

„Vaidlemised" viitab eri rühma või haru loomisele ja saatana tegude järgimisele, kuna te ei nõustu teistega. „Erimeelsused" tähendab, et luuakse grupeering ja eraldutakse, järgides Püha

Vaimu mõtete asemel oma mõtteid. „Kildkonnad" tähendavad Kolmainu Jumala ja lihas tulnud ja inimolendite lunastamiseks oma vere valanud ja Kristuseks saanud Jeesuse salgamist.

„Kadedus" kahjustab või teostab kadedustundest kellegi vastu kahjulikku tegevust. „Joomarlus" on alkoholi joomine ja „priiskamine" tähendab purju jäämist, enesekeskset elu ja enesevalitsemise puudumist, kuid samuti oma abikaasa või vanemlike kohustuste puudulikku täitmist.

Lisaks tähendavad „niisugused asjad", et on olemas palju nendesarnaseid patutegusid ja neid, kes niisuguseid asju teevad, ei päästeta.

Patud, mis viivad surma ja patud, mis seda ei tee

Selles maailmas peetakse „pattu" „patuks" kui selle patu tagajärg on ilmne ja kindlad tõendid kinnitavad teisele osapoolele tehtud füüsilist kahju. Aga Jumal, kes on Valgus, ütleb meile, et patt ei ole üksnes patuteod, vaid kogu pimedus, mis on valguse vastu.

Isegi kui neid ei saa näha ega tostada, on kõik teie südame patused soovid nagu vihkamine, kadedus, armukadedus, himu, teiste üle kohtumõistmine, hukkamõist, südametus ja autu meel kurjad ja samuti patud.

Sellepärast Jumal ütleb meile: „*Aga mina ütlen teile: Igaüks, kes naise peale vaatab teda himustades, on oma südames temaga juba abielu rikkunud*" (Matteuse 5:28) ja „*Igaüks, kes vihkab oma venda, on mõrvar, ja te teate, et ühelgi mõrvaril ei ole igavest elu, mis temasse jääks*" (1. Johannese 3:15). Lisaks on Roomlastele 14:23 kirjas: *„Kui aga keegi sööb kõheldes, siis on ta süüdi mõistetud, sest see ei tule ta usust. Aga kõik, mis ei tule usust, on patt"* ja Jakoobuse 4:17 öeldakse, et: *„Kes oskab teha head, aga ei tee, sellele on see patt."* Seega te peaksite aru saama, et Jumala tahte ja korralduste tegemine on patt ja seadusetus.

Kuid kas kõik inimesed surevad kui nad neid patte teevad? Te peate mõistma, et kui keegi, kes varem valetas, palvetab ja püüab tõerääkijaks inimeseks saada, on tegu usueluga. Isegi kui nad ei ole oma nõrga usu tõttu veel eemale heitnud kogu ebaausust oma südamest, ei ole tõde, et nad ei pääseks selle patu tõttu.

1. Johannese 5:16-17 öeldakse: *„Kui keegi näeb oma venda tegevat pattu, mis ei ole surmaks, siis ta palugu, ja Jumal annab talle elu, neile, kes ei tee pattu surmaks. On pattu, mis on surmaks: selle kohta ma ei ütle, et tal tuleks paluda. Kõik ülekohus on patt, aga on pattu, mis ei ole surmaks."*

Patud on tavaliselt jagatud kahte kategooriasse: need, mis lõpevad surmaga ja teised, mis ei lõpe surmaga. Need, kes teevad pattu, mis ei vii surma, võivad saada päästetud kui te neid julgustate, nende eest palvetate ja aitate neil nende pattudest meelt parandada. Ometi, kui keegi teeb pattu, mis lõpeb surmaga, ei saa teda päästa, isegi kui tema eest palvetada.

Ausaks peetud inimesed valetavad vahel oma kasuks või teevad palju petlikke tegusid, isegi kui need teod ei tee teistele inimestele kahju. Kui te tõde mõistsite, kinnitasite te, et te olite patune, kuigi te mõtlesite, et te elasite enne Jumalasse uskuma hakkamist õiget elu. Jumal näitab teile mitte vaid nähtavaid patte, vaid samuti kurje mõtteid teie südames, mis on kõik patud.

Igasugused pahateod on patud ja patu palk on surm. Aga Jeesus Kristus on ristil oma vere valamisega andeks andnud kõik teie mineviku, oleviku ja tuleviku patud. On patud, mis leiavad andestuse Jeesuse vere kaudu kui te parandate meelt ja pöördute neist. Need on patud, mis ei lõpe surmaga.

Kui te meelt ei paranda, aga jätkate patustamist, paadub teie südametunnistus. Siis lõpuks te ei saa vastu võtta meeleparanduse vaimu kui te teete surmaga lõppevat pattu. Seega ei saa teie patud andestatud, isegi kui te püüate meelt parandada.

Nüüd vaadakem kolme sorti pattusid, mis viivad surma: Püha Vaimu pilkamine, Jumala Poja korduv avalik teotamne ja tahtlik edasipatustamine.

Püha Vaimu pilkamine

Püha Vaimu pilkamine juures esineb kolm asja. Te pilkate Püha Vaimu kui te räägite Püha Vaimu vastu, kui te panete Püha Vaimu tööle vastu ja kui te teotate Püha Vaimu.

Sellepärast ma ütlen teile: Inimestele antakse andeks iga patt ja teotamine, aga Vaimu teotamist ei anta andeks! Ja kui keegi ütleb midagi Inimese Poja vastu, võib ta saada andeks, aga kui keegi ütleb midagi Püha Vaimu vastu, ei andestata talle ei sellel ega tulevasel ajastul (Matteuse 12:31-32).

Igaüks, kes ütleb midagi Inimese Poja kohta, võib
saada andeks, aga kes teotab Püha Vaimu, sellele ei
anta andeks (Luuka 12:10).

Esiteks, „teiste vastu rääkimine" on nende laimamine ja
nende töö heidutamine. **„Püha Vaimu vastu rääkimine"**
tähendab püüdu takistada Jumalariigi ellurakendamist,
takistades Püha Vaimu tööd oma tahte ja mõtetega. Näiteks kui
te seisate vastu Jumala tööle, räägite te Püha Vaimu vastu, kuna
see ei haaku teie mõtetega, isegi kui on tegu Püha Vaimu tööga.

Kui te mõistate Jumala teenijat hukka, pidades teda ketseriks,
kui ta seda tegelikult ei ole ja takistate Püha Vaimu tööd, on see
Jumala ees nii kohutav patt, et seda ei andestata. Seega peate te
suutma eristada vaime tõele vastavalt.

Muidugi peate te inimesi rangelt hoiatama ja ei või nende
käitumist lubada kui nad püüavad panna teisi kurje vaime vastu
võtma või kui nad on tõeliselt ketserlikud Jumala silmis. Tiituse
3:10 öeldakse: *„Eksiõpetusega inimesest pööra pärast ühe- või*
kahekordset noomimist ära."

Täna peavad paljud inimesed mõnesid kogudusi, mis
tunnistavad Kolmainu Jumalat ja millega kaasnevad Püha Vaimu
teod, ketserlikeks või isegi kiusavad neid paljudel viisidel taga,
kuna niisugused inimesed ei suuda vaimusid eristada. Kuigi nad
väidavad end Jumalasse uskuvat, ei ole neil piisavaid piibellikke
teadmisi ketserluse kohta. Vahel ei tea nad isegi, kuidas ketserlust
määratleda.

Teiste tagakiusamise korral õigete teadmiste puudumise
tõttu, kui inimesed parandavad meelt ja pöörduvad, võivad nad

andeks saada. Aga kui nad segavad oma kurjade kavatsustega ja kadedusega Püha Vaimu tööd isegi siis kui nad teavad, et see on Püha Vaimu töö, ei saa nad seda kunagi andeks. Te võite Piiblist selle näite leida. Markuse 3, kus Jeesus tegi imepäraseid tunnustähti ja imesid, levitasid Teda kadestavad inimesed kuulujuttu, et Ta oli hull. See kuulujutt levis nii kaugele, et Ta kaugel elavad pereliikmed tulid Teda avalikkuse eest ära viima.

Käsuõpetajad ja variserid kritiseerisid Jeesust ja ütlesid: *„ Ent kirjatundjad, kes olid tulnud Jeruusalemmast, ütlesid: ,Temas on Peeltsebul!' ja ,Ta ajab kurje vaime välja kurjade vaimude ülema abil!'"* (Markuse 3:22). Neil olid põhjalikud teadmised Jumala Sõna kohta. Nad tundsid seadust väga hästi ja õpetasid seda inimestele ja ometi seisid nad Jumala tööle vastu oma kiivuse ja Jeesuse kadestamise tõttu.

Teiseks, „Püha Vaimu tööle vastu panemine" tähendab avalikku vastuhakku Püha Vaimu häälele, kelle Jumal andis või Püha Vaimu töö üle kohtumõistmist ja hukkamõistu ja kaasinimestele halva tegemise püüdu.

Näiteks kuulujuttude levitamine või dokumentide võltsimine või pastori või koguduse „ketserlikuks" tunnistamine kui Püha Vaimu tööd on näha, selleks et äratuskoosolekuid või kogunemisi segada, on Püha Vaimu vastu rääkimine.

Mida siis tähendab „kes iganes räägib midagi Inimese Poja vastu, temale antakse see andeks"? „Inimese Poeg" tähendab selles salmis Jeesust, kes tuli inimolendina enne Ta ristilöömist.

Inimese Poja vastu rääkimine tähendab Jeesusele mitte

kuuletumist, teades ja tundes Teda lihtsalt inimesena, kuna Ta tuli lihas. Võimetus Jeesust Päästjaks tunnistada tuleb teadmiste puudumisest. Sel juhul antakse teile andeks ja teid päästetakse ainult siis kui te parandate põhjalikult meelt ja võtate Isanda vastu.

Seega kui te teete niisugust pattu, tundmata tõde või enne Püha Vaimu vastuvõtmist, annab Jumal teile võimaluse parandada meelt ja saada korduvalt andeks.

Aga kui te olete sõnakuulmatu ja seisate Isandale vastu, teades täpselt, kes on Jeesus Kristus, peate te aru saama, et te ei saa selle eest kunagi andeks, sest see on sama, mis Püha Vaimu vastu rääkimine ja Püha Vaimu tööle vastupanemine.

Kolmandaks, Jumala pilkamine tähenda ka jumalike, pühade ja puhaste asjade teotamist. Püha Vaimu pilkamine tähendab ka **Püha Vaimu,** Jumala Vaimu ja Jumala jumalikkuse teotamist. See on Jumala igavese väe ja jumalikkuse teotus kui te laimate Püha Vaimu tööd ja ütlete, et see on saatana töö või kui te toonitate, et miski on Püha Vaimu töö – kui see pole. Samuti tõe ebatõena kuulutamine, väites, et see, mis ei ole tõde, on tõde ja mõistes hukka selle, mis on tõde, otsekui see oleks ekslik, on kõik „Püha Vaimu pilkamine."

Vanal ajal, kui kedagi tabati kuninga vastu pilkavaid sõnu rääkimas või tegusid tegemas, peeti seda riigireetmiseks ja ta surmati.

Kui te pilkate kõikvõimsa ja ühegi selle maailma kuningaga võrreldava Jumala püha jumalikkust, ei anta teile seda kunagi andeks.

Isegi Jeesus, kes oli Jumala enese loomus ja tuli siia maa peale lihas, ei mõistnud kedagi hukka. Kui te mõistate ikkagi vendi ja õdesid hukka ja teotate sellele lisaks Püha Vaimu tehtud tegusid, on see hirmus patt! Kui teis on aukartus ja jumalakartus, ei saa te kunagi Pühale Vaimule vastu seista, Tema vastu rääkida ega Teda teotada.

Seega te peate mõistma, et neid patte ei andestata kunagi ei selle ega tulevase ajastu jooksul ja te ei tohiks niisuguseid pattusid kunagi teha. Isegi kui te olete neid pattusid varem teinud, peaksite te Jumala armu otsima ja kogu südamest meelt parandama.

Jumala Poja avalik häbistamine

Teid viib surma kui te Jumala Poja taas risti lööte ja teete Ta naerualuseks nagu kirjutatakse Heebrealastele 6. peatükis.

On ju võimatu neid, kes kord on olnud valgustatud, kes on maitsnud taevast andi ja saanud osa Pühast Vaimust, kes on kogenud Jumala head Sõna ja tulevase ajastu vägesid ning ometi ära taganenud – neid on võimatu uuendada jälle meeleparanduseks, sest et nad iseendi kahjuks löövad Jumala Poja risti ja teevad Ta naeruks (Heebrealastele 6:4-6).

Mõned inimesed jätavad koguduse ja Jumala selle maailma ahvatluse tõttu ja langevad suurde jumalateotusse, kuigi nad on Püha Vaimu vastu võtnud, teavad, et on olemas Taevas ja põrgu ning usuvad ususõna. Me ütleme, et nad sooritavad Jumala Poja uuesti ristilöömise patu ja teevad Ta avalikuks naerualuseks. Niisugune inimene ei tee üksnes palju saatana kontrollitavaid patte, kuid salgab ka Jumala ja kiusab kogudust ja usklikke taga ja alandab neid.

Nad on andnud oma südametunnistuse juba saatanale, nii et nende süda on täis pimedust.

Seetõttu ei taha nad üldse enam meelt parandada ja meeleparanduse vaim ei tule nende peale. Neil ei ole mingit võimalust meelt parandada ja seega ei saa nad kunagi andeks.

Juudas Iskariot tegi seda pattu. Ta oli üks Jeesuse kaheteistkümnest jüngrist. Ta tunnistas palju tunnustähti ja imesid, kuid ta muutus ahneks ja müüs Jeesuse kolmekümne hõbemündi eest. Hiljem vaevas teda südametunnistus ja ta kahetses väga, aga meeleparanduse vaim ei tulnud Juudase peale. Tema pattu ei saanud andestada ja lõpuks sooritas ta enesetapu, sest tema süü piinas teda väga (Matteuse 27:3-5).

Tahtlikult edasipatustamine

Viimane patt, mis lõpeb surmaga, on tahtlik edasipatustamine pärast tõe tunnetuse saamist.

> *Sest kui me tahtlikult teeme pattu pärast seda, kui oleme õppinud tundma tõde, siis ei ole enam ohvrit pattude eest, vaid ainult mingi hirmus kohtu ootamine ja äge tuli, mis neelab vastased (Heebrealastele 10:26-27).*

„Pärast tõetunnetuse saamist tahtlik edasipatustamine" tähendab, et korratakse seadusetuid asju, mida Jumal ei andesta. Samuti tähendab see patustamise jätkamist, teades, et tegu on patuga just nagu: *„Nendele on tulnud kätte see, mida tõeline vanasõna ütleb: ,Koer pöördub tagasi oma okse juurde' ja ,Pestud emis läheb porisse püherdama'"* (2. Peetruse 2:22).

Teiselt poolt – kui Taavet, kes armastas Jumalat nii palju, sooritas abielurikkumise, tekitas see palju patte ja pani ta mõrvama ühte oma kõige lojaalsematest sõduritest. Aga kui prohvet Naatan tema patule osutas, parandas kuningas Taavet otsekohe meelt.

Teisalt jätkas kuningas Saul patustamist isegi pärast seda kui prohvet Saamuel oli ta pattudele tähelepanu juhtinud. Taavet parandas meelt ja sai Jumala õnnistused, aga Saul hüljati, sest ta ei parandanud meelt ja patustas edasi.

Lisaks oli Piileam prohvet, kel oli meelevald õnnistada ja needa, aga kui ta tegi selle maailmaga kompromissi, et saada rikkust ja kuulsust, lõpetas ta viletsalt.

Teiselt poolt hääbub Püha Vaim nende südames, kes tahtlikult patustavad, sest Jumal pöörab oma selja nende poole. Siis nad kaotavad oma usu ja teevad kurja ja kuradi juhitud väärtegusid. Lõpuks kaob Püha Vaim neis täielikult ja neid ei saa päästa, sest nad ei suuda meelt parandada ja nende nimed kustutatakse Eluraamatust (Johannese ilmutus 3:5).

Teisalt, on inimesi, kes patustavad edasi, sest nad on tundnud Jumalat üksnes teadmiste kaudu, aga ei usu Teda oma südames. Nende patud võidakse andestada ja neid võidakse viia päästeteele, kus nad parandavad põhjalikult ja kogu südamest meelt ja saavad tõese usu.

Seega te peaksite teadma, et teid ei päästeta kui te teete tahtlikult pattu, teostades patuloomuse tegusid, isegi kui te olite kunagi valgustatud, uskusite Taeva ja põrgu olemasolusse ja kogesite Jumala rohket armu.

Ma loodan samuti, et te mõistate täielikult, et kõik patud on seadusetus ja pimedus ja Jumal vihkab neid, isegi kui mõned neist ei vii surma. Palun olge tark usklik, kes ei lase läbi ega tee mingisugust pattu.

Inimese Poja liha ja veri

Terve elu säilitamiseks tuleb teil tarbida sobivat toitu ja jooki. Samamoodi, selleks et oma vaim terve hoida ja igavene elu saada, tuleb teil süüa ja juua Inimese Poja verd.

Nüüd te saate järgmisest tekstist Johannese 6:53-55 alusel teada, mis on Inimese Poja liha ja veri ja miks te peate igavese elu saamiseks Tema liha sööma ja verd jooma:

> *Jeesus ütles neile: „Tõesti, tõesti, ma ütlen teile, kui te ei söö Inimese Poja liha ega joo Tema verd, ei ole teie sees elu. Kes minu liha sööb ning minu verd joob, sellel on igavene elu ja mina äratan ta üles viimsel päeval, sest minu liha on tõeline roog ja minu veri on tõeline jook. Kes minu liha sööb ning minu verd joob, see jääb minusse ja mina temasse."*

Mis on Inimese Poja liha?

Jeesus räägib teile Piiblis taeva saladustest ja Jumala tahtest paljude tähendamissõnadega. Kolmemõõtmelises maailmas elavate inimeste jaoks on väga raske neljamõõtmelises ja suuremas maailmas elutseva Jumala tahet mõista ja sellest aru saada. Seega Jeesus võrdles taevaseid asju elutute asjade, taimede, loomade ja selle maailma eludega, et aidata meil jumalikku tahet paremini mõista.

Sellepärast võrreldakse Jumala üht ja ainsat Poega Jeesust kalju ja tähega, mis on mõõtmeteta, ühemõõtmelise veini, kahemõõtmelise talle ja kolmemõõtmelise Inimese Pojaga.

Jeesust kutsutakse Inimese Pojaks, seega on Inimese Poja liha Jeesuse liha.

Johannese 1:1 öeldakse, et: *„Alguses oli Sõna ja Sõna oli Jumala juures ja Sõna oli Jumal."* Johannese 1:14 täheldatakse, et: *„Ja Sõna sai lihaks ja elas meie keskel, ja me nägime Tema kirkust nagu Isast Ainusündinu kirkust, täis armu ja tõtt."*

Jeesus tuli siia maailma lihas Jumala Sõnana. Seega on Inimese Poja liha Jumala Sõna, mis on tõde ise ja Inimese Poja liha söömine tähendab Piiblist Jumala Sõna õppimist.

Kuidas süüa Inimese Poja liha

2. Moosese raamatus 12:5 ja järgnevates salmides kujutatakse Jeesust „Tallena":

Tall olgu teil veatu, isane, üheaastane; võtke see

lammastest või kitsedest. Säilitage see enestele kuni selle kuu neljateistkümnenda päevani; siis kogu Iisraeli kogunenud kogudus tapku see õhtul! Ja nad võtku verd ning võidku ukse mõlemat piitjalga ja pealispuud kodudes, kus nad seda söövad.

Üldiselt mõtlevad paljud usklikud, et tall viitab uutele usklikele, aga Piibli tähelepanelik uurimine näitab, et tall on Jeesuse sümbol.

Ristija Johannes, kes vaatas enda poole tulevat Jeesust, ütles Johannese 1:29: *„Vaata, see on Jumala Tall, kes kannab ära maailma patu!"* Ja apostel Peetrus pidas 1. Peetruse 1:18-19 talle all silmas Jeesust, öeldes: *„Teid pole lunastatud kaduvate asjadega, hõbeda või kullaga teie tühisest esiisadelt päritud eluviisist, vaid Kristuse kui laitmatu ja puhta Talle kalli verega."* Sellele lisaks võrreldakse Jeesust tallega ka paljudes teistes avaldustes.

Miks võrreldakse Piiblis Jeesust tallega? Lambatall on kõige pehmeloomulisem ja kõige kuulekam kõigist eluloomadest. Ta tunneb ära karjase hääle ja on talle kuulekas. Mitte keegi teine ei saa talle alt tõmmata, isegi kui inimesed püüavad karjase häält jäljendada. Ta annab inimestele valget pehmet villa, piima, liha ja kõiki kehaosasid.

Nii nagu tall ohverdab kõik inimkonna eest, täitis Jeesus Jumala tahet täielikult ja ohverdas kõik meie eest.

Jeesus tuli siia maailma lihas, kuigi Ta oli Jumal ise, kuulutas taevas evangeeliumi, tervendas palju haigusi ja tõbesid ja löödi risti. Jeesus loobus teie pattude lunastamiseks kõigest.

Jeesust võrreldakse tallega, sest Ta iseloom ja teod sarnanevad vagura lamba omadega ja talle söömine sümboliseerib Jeesuse liha – nimelt Inimese Poja liha söömist.

Kuidas te siis peaksite sööma Inimese Poja liha? Vaatame 2. Moosese raamatust 12:9-10, kus tuuakse järgnevad juhised:

> *Te ei tohi seda süüa toorelt või vees keedetult, vaid ainult tulel küpsetatult, vaid ainult tulel küpsetatult pea, jalgade ja sisikonnaga. Te ei tohi sellest midagi üle jätta hommikuks; mis aga sellest hommikuks üle jääb, põletage tulega!*

Esiteks, te ei tohiks Jumala Sõna toorelt süüa

Mida tähendab Inimese Poja liha „toorelt" söömine?

Üldiselt ei ole toorest liha hea süüa. Toorest liha süües võib saada viiruse või bakterid ja haigestuda. Samamoodi käseb Jumal teil Jumala Sõna toorelt mitte süüa, sest see on kahjulik.

Jumala Sõna on Püha Vaimu sisendusel kirjutatud, seega tuleb seda lugeda ja oma toiduseks teha Püha Vaimu sisendusel.

Aga mis siis kui Jumala Sõna otseselt võtta? Te mõistaksite tõenäoliselt Jumala kavatsust vääriti. Seega tähendab „Jumala Sõna toorelt" söömine Piibli otsest tõlgendamist.

Nagu Johannese 1:1 öeldakse, et *„Sõna oli Jumal,"* sisaldab Piibel Jumala südant ja tahet ja kõik asjad saavutatakse selle Sõna kohaselt.

Jumala Sõna ütleb meile, kuidas Taevasse saada. Te peate igavese elu saamiseks Jumala Sõna täielikult mõistma.

Vastupidiselt, lihalik inimene ei saa vaimset maailma näha ega mõista.

Nad on nagu tsikaadid, kes ei tea maapinnal vaglana olles taeva olemasolust. Nad on nagu tibupoeg, kes ei tea munas olles välismaailmast midagi. Nad on kui imik, kes ei tea emaüsas olles maailmast midagi.

Samuti, niikaua kui te olete selles lihalikus maailmas, ei tea te midagi vaimumaailma kohta.

Jumal ütleb teile, et väljaspool seda kolmemõõtmelist maailma on teine maailm. Nii nagu sündimata kanapoeg peab munakoore purustama, peate teiegi murdma oma lihalikest mõtetest läbi, et vaimusfääri mõista ja sellesse siseneda.

Näiteks Matteuse 6:6 öeldakse: *„Aga sina, kui sa palvetad, siis mine oma kambrisse ja lukusta uks, palveta oma Isa poole, kes on varjatud, ja su Isa, kes näeb varjatutki, tasub sulle!"* Kui seda salmi tähttäheliselt tõlgendada, peaksite te alati oma toas palvetama. Aga te ei leia ühtegi usu esiisa oma toas salajas palvetamas.

Jeesus ei palvetanud oma toas, vaid mäenõlval ööd veetes (Luuka 6:12) ja varahommikul üksildases kohas (Markuse 1:35).

Lisaks palvetas Taaniel kolm korda päevas Jeruusalemma poole avatud akendega (Taanieli 6:10) ja apostel Peetrus palvetas katusel (Apostlite teod 10:9).

Mida see siis tähendab kui Jeesus ütles: „Mine oma sisemisse kambrisse, sule uks ja palveta"?

Siin on „tuba" inimsüdame vaimseks sümboliks. Nii tähendab sisemisse kambrisse minek teie mõtetest möödaminemist ja sügavale südamesse minekut, nii nagu te läheksite sisemisse tuppa minekuks elutoast või magamistoast läbi. Ainult siis võite te kogu südamest palvetada.

Kui te lähete sisemisse tuppa, olete te välisest eraldatud. Samamoodi – kui te palvetate, tuleb teil blokeerida kõik vajadusetud mõtted, mured ja probleemid ja kogu südamest palvetada.

Seega ei pea te Inimese Poja liha toorelt sööma. Te ei peaks Jumala Sõna tähttäheliselt tõlgendama. See tähendab – te peaksite Jumala Sõna tõlgendama vaimselt – Püha Vaimu sisenduse kaudu.

Teiseks – ärge sööge Jumala Sõna vees keedetult

Mida tähendab „Ärge sööge vees keedetud liha"? See tähendab, et me ei peaks Jumala Sõnale midagi lisama, vaid seda puhtalt sööma.

Ei ole õige kuulutada Jumala Sõna ja segada seda poliitikaga, ühiskonna lugudega ega imetletud või ajalooliste isikute kõnekäändudega.

Jumal, kes lõi taevad ja maa ja kontrollib inimkonna elu ja surma, õnnistust ja needust, on kõikvõimas ja Tal ei ole millestki puudust.

1. Korintlastele 1:25 öeldakse: „*Sest Jumala narrus on inimestest targem ja Jumala nõtrus inimestest tugevam.*" See on kirja pandud, et panna teid mõistma, et isegi kõige targemat ja suurepärasemat inimest ei saa Jumalaga võrrelda.

Te ei saa kõike Piiblis mainitut eluaja jooksul jutlustada.

Kuidas te julgete siis sõnumit edastades inimeste sõnu Jumala Sõnaga segada?

Inimeste sõnad muutuvad aja jooksul. Isegi kui neis pole tõde, on need sõnad juba Piiblis kirjas ja Jumala tarkusega räägitud.

Seega peaks Jumala puhas Sõna olema Piibli õpetamisel teie esimene eelistus. Muidugi te võite kasutada tähendamissõnu või näiteid, et aidata inimestel Jumala Sõna ja vaimumaailma saladusi lihtsamalt mõista.

Te peaksite aru saama, et üksnes Jumala Sõna on igavene ja täiuslik ja täielik tõde, mis viib igavesse ellu. Seega ei peaks te sööma Tema Sõna vees keedetud kujul.

Kolmandaks – te peate Jumala Sõna tules küpsetatult sööma

Mida tähendab „tulel küpsetatult pea, jalgade ja sisikonnaga"? (2. Moosese raamat 12:9) See tähendab, et te peaksite tegema Jumala Sõna, Inimese Poja liha, täielikult oma vaimseks toiduks, midagi välja jätmata.

Näiteks mõned inimesed kahtlevad faktis, et Mooses lõhestas Punase mere. Mõned inimesed ei püüagi 3. Moosese raamatut lugeda, sest Vana Testamendi ohvreid on raske mõista. Mõned teised inimesed ütlevad, et Jeesuse tehtud imesid on raske uskuda ja nad arvavad, et need imed võisid juhtuda vaid 2000 aasta eest. Nad jätavad välja palju asju, mis ei sobitu inimmõtetega ja püüavad ainult moraaliõppetunde välja tuua.

Nad ei hooli isegi niisuguste sõnade meelespidamisest nagu "Armastage oma vaenlasi" või "Hoiduge igasugusest kurjast," sest need sõnad tunduvad neile kuuletumiseks liiga rasked. Kas neil on võimalik pääseda?

Seega te ei peaks rumalate inimeste kombel Piiblist võtma vaid seda, mis teile meeldib. Te peaksite sööma kõiki Piibli sõnu täielikult tules küpsetatult 1. Moosese raamatust Johannese ilmutuseni.

Mida sis tähendab Jumala Sõna söömine "tules küpsetatult"? Tuli tähistab siin Püha Vaimu tuld. Te peaksite olema täis Püha Vaimu ja Temast inspireeritud kui te Jumala Sõna loete ja kuulate, sest see on kirjutatud Püha Vaimu õhutuse läbi. Vastasel moel on tegu vaid teadmiste ja mitte vaimutoiduga.

Selleks, et süüa tulel röstitud Jumala Sõna, tuleb teil tulihingeliselt palvetada. Palved on kui õli, mis saavad Püha Vaimu täiuse allikaks. Kui te sööte Jumala Sõna Püha Vaimu õhutusel, on see magusam kui mesi. Samuti ei tüdi te siis kunagi, isegi kui jutlus on väga pikk, sest see on nii väärtuslik ja nii nagu janune hirv ihkab veeojasid, meeldib teile Jumala Sõna kuulamine.

Niimoodi süüakse Jumala tulel küpsetatud Sõna. Üksnes sedamoodi mõistate te Jumala Sõna, teete selle oma vaimseks lihaks ja vereks ja mõistate ja järgite Jumala tahet. Niimoodi sünnitate te Püha Vaimu kaudu vaimu, kasvate usus ja taastate Jumala kaduma läinud kuju, leides inimeste täiskohuse.

Aga need, kes söövad Jumala Sõna oma mõtteis, laskmata sel tulel küpseda, tunnevad, et Jumala Sõna on igav ja nad ei suuda seda meenutada, sest nad kuulavad seda jõudeolekus mõtetega. Nad ei saa vaimselt kasvada ega tõelist elu saavutada.

Neljandaks – te ei tohiks Jumala Sõna hommikuni jätta

Mida tähendab „Ärge jätke seda hommikuni; kui midagi jääb hommikuni, tuleb see põletada"?

See tähendab, et te peaksite Inimese Poja liha – Jumala Sõna – öösel sööma. Maailm, kus te praegu elate, on kuradi valitsuse all asuv pime maailm ja seda võib vaimselt väljendada kui ööd või ööaega. Kui meie Isand tuleb taas, kaob kogu pimedus ja kõik taastatakse; siis jõuab kätte hommik, valguse maailm.

Seega „ärge jätke sellest midagi hommikuks" tähendab, et te peaksite õppima Jumala Sõna, et end enne Tema naasmist meie Isanda mõrsjaks ette valmistada.

Lisaks – kas siis Isanda tulek on ligidal või mitte, elate te vaid seitsekümmend või kaheksakümmend aastat ja te ei tea, millal te Isandaga kohtute. Kuniks te kohtute Isandaga, kasvate te vaimselt sel määral, mil määral te sööte Inimese Poja liha ja joote Tema verd. Nii peaksite te usinalt Jumala Sõna õppima ja vaimselt kasvama.

Kui teil on Isa usk teie vaimu kasvu pideva suurenemise teel, austatakse teid nagu säravat päikest Jumala aujärje juures Tema kuningriigis, sest te tunnete Jumalat, kes on olnud algusest peale, arendate endas Püha Vaimu üheksat vilja ja õndsakskiitmisi ja olete Jumala kuju sarnane.

Inimese Poja vere joomine

Elu alalhoidmiseks tuleb toidu söömisele lisaks vett juua. Kui vett mitte tarbida, ei saa sööki seedida ja te surete. Kui toit läheb makku veega segatult, seedub see, toitained imenduvad ja jääkaine väljutatakse.

Samamoodi – kui te ei joo Inimese Poja verd Inimese Poja liha süües, ei saa te seda seedida. Seega te võite saada igavese elu vaid Inimese Poja liha süües, juues selle juurde Inimese Poja verd.

„Inimese Poja vere joomine" tähendab Jumala Sõna usu kaudu ellurakendamist. Pärast Jumala Sõna kuulamist on väga tähtis vastavalt tegutseda ja seda kutsutakse usuks. Kui te ei tegutse Jumala Sõna kohaselt pärast selle kuulmist ja teadmist, on selle kuulmine kasutu.

Jumala Sõna – tõde – imendub samamoodi nagu toidu söömisel toitained imenduvad ja jääkained eralduvad. Samamoodi väljutatakse ebatõde kui te tegutsete Jumala Sõna järgi, et oma musta süda puhastada.

Mis on siis „imendunud tõde" ja „väljutatud ebatõde"? Ütleme, et te kuulsite Jumala Sõna: „Ärge vihake, vaid armastage üksteist." Kui te teete sellest oma toidu ja selle kohaselt tegutsete, imendub armastuse nimeline toitaine ja vihkamise nimeline jääkaine eraldub. Teie süda muutub automaatselt puhtamaks ja tõesemaks, väljutades mustad ja räpased mõtted.

Tegutsege pärast Jumala Sõna kuulmist selle järgi

Aga kui te Jumala Sõna järgi ei tegutse, ei joo te Inimese Poja verd. Seega on Jumala Sõna vaid osa mõistuse teadmistest ja kui te selle alusel ei tegutse, ei saa te päästetud.

Inimese Poja vere joomist – Jumala Sõna alusel tegutsemist – ei saa üksnes inimliku jõupingutusega teha. Teil peaks olema tahet ja jõudu Tema Sõna kohaselt toimida ja siis saate te Jumala armu, väe ja Püha Vaimu abi kirgliku palve teel.

Kui te saaksite patust oma jõuga vabaks, ei oleks Jeesust olnud vaja risti lüüa ja Jumalal ei oleks olnud vaja Püha Vaimu saata.

Jeesus Kristus löödi risti teie pattude andeksandmiseks, sest te ei suutnud patuprobleemi ise lahendada ja Jumal saatis Püha Vaimu, et ta aitaks teie musta südant puhtaks muuta.

Püha Vaim – Jumala Vaim – aitab Jumala lastel tões ja õigsuses elada. Seega peaksid Jumala lapsed Püha Vaimu abil Jumala Sõna järgi elama, saades lahti oma pattudest ja võttes vastu Jumala armastuse ja õnnistuse.

Andekssaamine vaid valguses elamise teel

Ütelus, et te sööte Inimese Poja liha ja joote Tema verd, tähendab, et te tegutsete valguses Jumala Sõna kohaselt. Missugust tegevust see siis tähistab? Te peate käima valguses. Teil tuleb jätta pimedus ja tegutseda valguses kui te sööte Inimese Poja liha, seda seedida ja oma süda tõeseks teha. Kui te käite valguses, puhastab Isanda veri teie mineviku, oleviku ja tuleviku patud.

Isegi kui teil on veel eemaldamata patte, kui te parandate kogu südamest Jumala ees meelt, võite te oma patud Jumala armu läbi andeks saada. Need, kes usuvad Jumalat tõeliselt ja püüavad oma südames õigust teha, ei ole enam patused, vaid õiged inimesed ja nad võivad saada päästetud ja igavese elu osaliseks.

Jumal on valgus

1. Johannese 1:5 öeldakse, et: *„Ja see on sõnum, mida me oleme kuulnud Temalt ja kuulutame teile: Jumal on valgus, ja Temas ei ole mingit pimedust. "*

Apostel Johannes, kes kirjutas 1. Johannese kirja, õppis otse Jeesuselt, kes tuli siia maailma ja sai selle maailma valguseks ja Jumala teeks.

Seega öeldakse Johannese 1:4-5 Jeesuse kohta: *„ Mis on tekkinud Tema kaudu, oli elu, ja elu oli inimeste valgus. Ja valgus paistab pimeduses, ja pimedus ei ole seda omaks võtnud. "* Jeesus kuulutas Ise: *„ Mina olen Tee ja Tõde ja Elu. Ükski ei saa minna Isa juurde muidu kui minu kaudu "* (Johannese 14:6).

Seega tunnistasid Jeesuse jüngrid Jeesuse kaudu fakti, et „Jumal on valgus" ja nad kuulutasid teile sõnumit – „Jumal on valgus."

Valgus tähendab vaimselt tõde

Mis siis on „valgus"? Vaimselt tähendab valgus tõde ja tõde

on pimeduse vastand.

Jumal ütleb meile Efeslastele 5:8: *„Sest varem te olite pimedus, nüüd aga olete valgus Isandas. Käige nagu valguse lapsed."* Need, kes kuulevad sõnumit, et „Jumal on valgus" ja õpivad Jumala tõde, võivad selles maailmas särada ja seda valgustada nii nagu valgus ajab pimeduse minema.

Valguse lapsed, kes käivad tõe järgi, kannavad valguse vilja. Sellepärast öeldakse Efeslastele 5:9: *„ Valguse vili on ju igasuguses headuses ja õigluses ja tões."* 1. Korintlastele 13 kirjeldatud vaimne armastus ja Püha Vaimu vili – armastus, rõõm, rahu, pikk meel, lahkus, headus, ustavus, tasadus ja enesevalitsus on valguse vili.

Seega tähistab valgus kõiki tõesõnu, mis puudutavad headust, õigsust ja armastust nagu „armastage üksteist, palvetage, pühitsege hingamispäeva, pidage kümmet käsku," millest Jumal Piiblis räägib.

Pimedus tähendab vaimselt pattu

Pimedus tähendab seisundit, kus pole valgust ja see tähendab vaimselt pattu.

Kõik ebatõene, mis läheb tõe vastu, on taoline, mis on kirjutatud Roomlastele 1:28-29: *„Ja nii nagu nad ei ole hoolinud Jumala tunnetusest, nõnda on Jumal nad andnud kõlbmatu mõtteviisi kätte, tegema seda, mis on väär; nad on tulvil igasugust ülekohut, kurjust, ahnust ja tigedust, täis kadedust, tapmist, riidu, kavalust, kiuslikkust."* Kõik see on pimedus.

Piiblis öeldakse, et te saaksite lahti kõigest, mis kuulub pimedusele nagu varastamine, tapmine, abielurikkumine ja igasugune kurjus.

Teisalt, mõned inimesed väidavad, et nad on Jumala lapsed, isegi kui nad ei kuuletu sellele, mida Jumal neid teha või pidada käseb, vaid nad teevad asju, mida Jumal käseb mitte teha või välja visata. Vaenlane kurat ja saatan valitseb pimedust ja see kuulub sellesse maailma, seega ei saa see kunagi valgusega koos olla. Tollepärast vihkavad need, kes pimedas tegutsevad, valgust ja elavad sellest kaugel.

Teiselt poolt peaksid valguse Jumala tõelised lapsed, kelles pole mingisugust pimedust, hävitama kogu pimeduse ja käima valguses. Ainult siis saate te Jumalaga suhelda ja kõik läheb teie elus hästi.

Jumalaga osaduses olemise tõendus

Tavaliselt on vanemate ja nende laste vaheline armastuseosadus väga lähedane. Samamoodi on teile – Jeesusesse Kristusesse uskujaile – selge, et teil on osadus teie vaimu Isa Jumalaga (1. Johannese 1:3).

Osadus ei tähenda siin mitte üksteise tundmist, vaid vastastikust väga head tundmist. Te ei saa öelda, et teil on Presidendiga osadus, isegi kui te tema kohta päris palju teate. Samamoodi on teie ja Jumala osadusega. Jumalaga tõelise osaduse jaoks peaksite te Teda tundma, samuti nagu Tema teab teid ja tunneb teid ära.

1. Johannese 1:6-7 öeldakse: *„Kui me ütleme: ‚Meil on*

osadus Temaga', kuid käime pimeduses, siis me valetame ega tee tõtt. Aga kui me käime valguses, nõnda nagu Tema on valguses, siis on meil osadus omavahel ning Jeesuse, Tema Poja veri puhastab meid kogu patust. "

See tähendab, et teil võib olla osadus Jumalaga üksnes siis kui te saate pattudest lahti ja tegutsete valguses. Kui te ütlete, et teil on Jumalaga osadus ajal kui te ikka veel pimeduses tegutsete ja elate, on see vale.

Osadus Jumalaga tähendab vaimset ja tõest osadust, mitte vaid jumalatut osadust, kus te teate Tema kohta vaid mõistusega. Te peate ise valguseks olema, et Jumalaga osaduses olla, sest Tema on valgus. Püha Vaim, Jumala süda, õpetab teile Jumala tahet selgelt sel määral, mil te tões püsite, nii et teil võib olla sügavam suhtlus Jumalaga kui te loete Jumala Sõna ja palvetate.

Kui te käite pimeduses

Te valetate kui te väidate, et teil on osadus Jumalaga, kuid te käite pimeduses ja teete pattu. See ei ole tões käimine ja lõpuks lähete te surma teed.

1. Saamueli 2. peatükis tegid preester Eeli pojad kurja ja patustasid. Ta oleks pidanud neid karistama, aga Eeli lihtsalt hoiatas neid: „Miks te teete niisugust? Te ei tohiks seda teha."

Lõpuks tabas neid Jumala viha. Kaks preester Eeli poega surid lahingus ja Eeli kukus oma toolist tagurpidi välja värava kõrvale; ta murdis kaela ja suri. Jumala viha tabas ka tema järeltulijaid (1. Saamueli 2:27-36, 4:11-22).

Seega nii nagu öeldakse Efeslastele 5:11-13: *„Ja ärge hakake* *pimeduse viljatute tegude kaasosaliseks, vaid pigem paljastage neid! Sest mida nad salajas teevad, seda on nimetadagi häbi. Aga kõik valguse poolt paljastatu saab avalikuks."*

Kui keegi väidab, et tal on Jumalaga osadus, kuid ei käi valguses, peaksite te talle armastusega nõu andma. Kui ta ikka ei tule valguse kätte, peaksite te teda valgusesse juhatamiseks noomima, et ta ei läheks surma teed.

Andestus valguses käimisega

Siin maailmas on olemas seadus ja kui keegi seda rikub, karistatakse teda vastavalt teo raskusastmele. Kuid ta ei saa oma südames valitseva süütunde suhtes midagi teha, sest kahju on juba tehtud, isegi kui ta oma vale teo eest tasus ja teda karistati.

Sarnaselt on teie südames patuloomus, isegi siis kui te võtate Jeesuse Kristuse vastu, teie patud andestatakse ja teid kuulutatakse õigeks. Seega käseb Jumal teil te süda umber lõigata, et te ei tunneks ka oma südametunnistuses end süüdi.

Nii nagu öeldakse Jeremija 4:4: *„Laske endid umber lõigata Isandale ja kõrvaldage oma südamete eesnahad, Juuda mehed ja Jeruusalemma elanikud, et mu viha ei süttiks nagu tuli ega põleks teie tegude kurjuse pärast,"* tähendab südame ümberlõikus südamenaha äralõikamist.

Südamenaha äralõikamine tähendab selle järgimist, mida Jumal Piiblis ütleb – nagu „käsud," „keelud," „pidamised" või „minemaviskamised." Teiste sõnadega see tähendab, et südame puhastamise ja tõega täitmise teel aetakse sealt minema kõik, mis on Jumala Sõna vastu – nagu ebatõde, kurjus, ebaõiglus, seadusetus ja pimedus.

Seega te peate Jumala Sõna usinasti oma roaks tegema, toitained sellele vastavalt tegutsedes omastama ja väljutama pimedusele kuuluvad kurja ja ebatõe jääkained. Kui te lõikate oma südame umber, võite te vaimselt kasvada.

Kui te saate vaimseks ja tõeseks inimeseks, pattu ja kurjust jääkainena väljutades, on teil Jumalaga osadus. Siis võib Jeesuse Kristuse veri selle osaduse tõttu teid pattudest puhastada.

Seega ei peaks te vaid Jeesust Kristust vastu võtma ja õigeks kuulutatud saama, vaid ka muutuma tõeliseks õigeks inimeseks, süües Inimese Poja liha ja juues Tema verd ning oma südant ümber lõigates.

Usk tegudes on õige usk

Teie üllatuseks võib näha paljusid inimesi, kes ei mõista päriselt usu tähendust. Mõned ütlevad: „Miks te ei lähe lihtsalt kogudusse? Te võite ikka päästetud saada."

Kui te kuulete Jumala Sõna ja teate seda, aga ei tegutse sellele vastavalt, on tegu vaid teie mõistuses oleva teadmisevormis usu ja mitte tõelise usuga. Te ei saa sedamoodi päästetud. Missugust usku Jumal tunnustab? Kuidas te võite usu kaudu päästetud saada?

Tõeline meeleparandus nõuab pattudest pöördumist

1. Johannese 1:8-9 öeldakse, et: „*Kui me ütleme: ,Meil ei ole*

pattu', siis me petame iseendid ja tõde ei ole meis. Kui me oma
patud tunnistame, on Tema ustav ja õige, nõnda et Ta annab
andeks meie patud ja puhastab meid kogu ülekohtust. "

Mida siis tähendab pattude ülestunnistamine?

Oletagem, et Jumal ütleb teile: „Idasse minek on igavese elu ja
minu tahte suunas minek, nii et minge idasse." Sellest hoolimata
kui te jätkate lääne suunas edasiminekut ja ütlete: „Jumal, ma
peaksin idasse minema, aga ma lähen läände, nii et palun anna
mulle andeks," ei ole see ülestunnistus. See tähendab, et puudub
Jumalasse usk ja jumalakartus, selle asemel on pigem Tema
pilkamine. Tõeline meeleparandus ei toimu mitte üksnes suu
kaudu pattude ülestunnistamisega, vaid ka tegudes pattudest
täieliku pöördumise kaudu. Üksnes siis võtab Jumal seda
meeleparandusena ja andestab teile.

Samamoodi nagu te surete kui te ei söö mitte midagi, olgugi
et te teate, et te peate ellujäämiseks sööma, ei saa te Isanda vere
kaudu puhtaks kui te lihtsalt tunnistate oma patud huultega ja ei
pöördu neist.

Tegudeta usk on surnud

Jakoobuse 2:22 öeldakse: *„Sa näed, et usk käis ta tegudega*
kaasas ja sai täiuslikuks tegude kaudu. " 26. salmis jätkatakse:
„Sest nii nagu ihu ilma vaimuta on surnud, nõnda on surnud
ka usk ilma tegudeta. "

Paljud inimesed käivad koguduses, sest nad on kuulnud
Taeva ja põrgu olemasolust. Aga kuna nad ei usu seda tõsiasja
tegelikult oma südames, ei kaasne nende usuga tegusid.

See on lihtsalt teadmisteusk ja surnud usk.

Lisaks, kui te tunnistate suuga oma usku ajal kui te ikka elate patus, kuidas te võite öelda, et teil on usku? Piiblis öeldakse, et teadlikult sooritatud patud on hullemad kui teadmata tehtud patud.

Kui te tunnistate: „Ma usun", kuid sellega ei kaasne teod, võite te mõtelda, et teil on usk, kuid Jumal ei tunnista seda tõese usuna.

Iisraellased, kes tulid Egiptusest, kogesid palju Jumala tegusid. Jumal tegi Punase Mere kaheks, andis neile mannat ja vutte ja kaitses neid pilvesambaga päeval ja tulesambaga öösel.

Aga kui Jumal andis neile käsu Kaananimaal maad kuulata, uskusid ainult Joosua ja Kaaleb Jumala Sõna ja väge. Selle tulemusena olid need iisraellased, kes olid Jumalale sõnakuulmatud, kuna neil ei olnud Kaananisse minekuks piisavalt tugevat usku, nelikümmend aastat täis katsumusi kõrbes ja lõpus surid seal.

Te peate mõistma, et see on kasutu kui te ei usu ega tegutse Jumala Sõna järgi, isegi kui te näete ja kogete nii palju Jumala tegusid. Teod teevad usu täielikuks.

Vaid need, kes käsku peavad, on õigeks tehtud

Jumal ütleb Roomlastele 2:13: *„Jumala ees ei ole ju õiged Seaduse kuuljad, vaid Seaduse täitjad, kes mõistetakse õigeks. "*

Te ei ole õige üksnes koosolekul käimise ja sõnumite kuulamise tõttu. Te olete õigeks tehtud üksnes kui teie ebatõene süda muutub Jumala Sõnaga vastavuses tegutsemise tõttu tõeseks.

Mõned ütlevad, et te võite saada päästetud üksnes Jeesuse Kristuse „Isandaks" kutsumise teel, mõistes vääriti Roomlastele 10:13: „*Sest igaüks, kes hüüab appi Isanda nime, päästetakse.*" Kuid see on täiesti vale. Nii nagu öeldakse Jesaja 34:16: „*Uurige Isanda raamatust ja lugege: ükski neist ei ole puudu, ükski neist ei ole teist kaotanud, sest Tema on oma suu kaudu andnud käsu ja Tema Vaim on need kogunud.*" Jumala Sõnal on tüür ja see muutub täielikuks üksnes tüüri kaudu tõlgendatult.

Roomlastele 10:9-10 öeldakse: „*Kui sa oma suuga tunnistad, et Jeesus on Isand, ja oma südames usud, et Jumal on Ta ülesäratanud surnuist, siis sind päästetakse, sest südamega usutakse õiguseks, suuga aga tunnistatakse päästeks.*"

Ainult nende huulte tunnistus on tõene, kes tõesti usuvad oma südames, et Jeesus tõusis surnuist, sest nad elavad Jumala Sõna kohaselt. Nad päästetakse kui nad tunnistavad sellega oma tõelist usku ja saavad üha õigemaks, kuid nemad, kes sellega usku ei tunnista, ei saa päästetud.

Sellepärast ütles Jeesus Matteuse 13:49-50: „*Nõnda on ka selle ajastu lõpul: inglid tulevad ja eraldavad kurjad õigete keskelt ning viskavad nad tuleahju. Seal on ulgumine ja hammaste kiristamine.*"

Siin tähisvad „õiged" kõiki neid, kes tunnustavad Jumalat ja väidavad, et neil on usk. „Kurjade eraldamine õigetest" tähendab, et need, kes ei tegutse Jumala Sõna alusel, ei saa päästetud, isegi kui nad käivad koguduses ja elavad kristlase elu.

Jumal tahab tõesti südame ümberlõikamist

Jumal tahab, et Ta lapsed oleksid pühad ja täiuslikud, Sellepärast ütleb Ta meile 1. Peetruse 1:15: *„ Vaid saage pühaks kogu oma käitumisega, nii nagu on püha see, kes teid on kutsunud"* ja Matteuse 5:48: *„Teie olge siis täiuslikud, nõnda nagu teie Taevane Isa on täiuslik!"*

Vana Testamendi ajal pääsesid inimesed tegude kaudu, mis esindasid tulevast, aga Uue Testamendi ajal kui Jeesus Kristus täitis seaduse armastusega, päästetakse teid usu kaudu.

„Käsuseaduse tegude kaudu pääsemine" tähendab, et isegi kui teil on näiteks must süda, et tappa, vihata, abielu rikkuda, valetada ja nii edasi, ei peeta seda patuks, juhul kui südames oleva alusel ei tegutseta.

Jumal ei mõistnud inimesi hukka, välja arvatud siis kui nad tegid valesid tegusid, kuna nad ei saanud Vana Testamendi ajal oma pattusid ise ilma Püha Vaimuta ära heita. Kuid Uue Testamendi ajal päästetakse teid ainult siis kui te oma südame Püha Vaimu abil usus ümber lõikate, sest Püha Vaim on teie juurde tulnud. Püha Vaim teeb teid teadlikuks patu ja õigsuse erinevusest ja kohtust ja võimaldab teil Jumala Sõnale vastavalt elada. Seega võite te hävitada ebatõe ja oma südame Püha Vaimu abiga ümber lõigata.

Teil tuleb mõista, et Jumal palub teilt tõesti teie südame ümberlõikamist, pattudest lahtisaamist, püha elu ja jumalikust loomusest osasaamist. Apostel Paulus teadis, et see oli Jumala tahe ja õpetas südame ning mitte liha ümberlõikamist (Roomlastele 2:28-29). Ta soovitas teil verevalamiseni vastu panna võitluses patuga, vaadates üksisilmi Jeesusele, teie usu täidesaatjale (Heebrealastele 12:1-4).

Ma loodan, et teil võib olla tõene usk, millega käivad kaasas teod, saades aru, et te ei saa Taevasse üksnes „Isand, Isand" hüüdmise teel, vaid üksnes valguses elamise ja oma südame ümberlõikamise teel.

Peatükk 9

VEEST JA VAIMUST SÜNDIMINE

- Nikodeemus tuleb Jeesuse juurde
- Jeesus aitab Nikodeemusel Vaimselt
  aru saada
- Veest ja Vaimust sündimine
- Kolm tunnistajat: Vaim, vesi ja veri

Aga variseride hulgas oli inimene nimega Nikodeemus, üks juutide ülemaid. Ta tuli ühel ööl Jeesuse juurde ja ütles Talle: „Rabi, me teame, et Sa oled Jumala juurest tulnud Õpetaja, sest keegi ei suudaks teha neid tunnustähti, mida Sina teed, kui temaga ei oleks Jumal." Jeesus vastas talle: „Tõesti, tõesti, ma ütlen sulle, kes ei sünni ülalt, ei või näha Jumala riiki." Nikodeemus ütles talle: „Kuidas saab inimene sündida, kui ta on vana? Ega ta saa ju minna tagasi oma ema üska ja teist korda sündida?" Jeesus vastas: „Tõesti, tõesti, ma ütlen sulle, kes ei sünni veest ja Vaimust, ei saa minna Jumala riiki."

Johannese 3:1-5

Jumal saatis Jeesuse Kristuse – oma ainusündinud Poja ja avas pääsemise tee. Kes iganes võtab Ta vastu, saab Jumala lapseks saamise õiguse ja naudib nüüd ja igavesti õnnistatud ja igavest elu. Kuid te näete nüüd, et paljudel inimestel ei ole seda päästekindlust, isegi kui nad on Jeesuse Kristuse vastu võtnud. Pealegi väidavad mõned inimesed, et nad on pääsemise vastu võtnud, aga neil puudub päästetud saamiseks usk või teised väidavad, et nad on päästetud, kuna nad võtsid kunagi Püha Vaimu vastu, aga nad ei hooli sellele järgnevatest tegudest.

Toogu nüüd Nikodeemuse lugu risti sõnumi lõpetamiseks selguse selle suhtes, kuidas saada Jeesuse Kristuse vastuvõtmise hetkest täielikult päästetud.

Nikodeemus tuleb Jeesuse juurde

Jeesuse ajal austasid variserid väga Moosese käsuseadust ja nad pidasid vanemate traditsioone. Need olid religioossed juhid valitud iisraellaste seas, kes uskusid Jumala ülimuslikkust, ülestõusmist, ingleid, viimast Kohtumõistmist ja tulevast Messiast.

Kuid Jeesus noomis neid korduvalt, öeldes: „Häda teile, variserid." Nad ilmusid inimestele nagu silmakirjateenrid

–väljaspoolt pühad, aga seest täis ahnust ja isemeelsust nagu lubjatud hauad (Matteuse 23:25-36).

Nikodeemusel oli hea süda

Nikodeemus oli üks juudi valitsuskogu – Sanhedriini – variseridest. Kuid ta ei kiusanud teiste variseride kombel Jeesust taga. Selle asemel uskus ta nähes Jeesuse tehtud imesid ja tunnustähti, et Jeesus tuli Jumala juurest. Kuna Nikodeemusel oli hea süda, tahtis ta teada, kes Jeesus oli.

Johannese 7:51 palus Nikodeemus varisere, kes Jeesust kinni võtta tahtsid, Teda kaitstes: *„Ega siis meie Seadus mõista inimest süüdi, enne kui teda on üle kuulatud ja teada saadud, mida ta on teinud?"*

Selle aja Sanhedriini liikmena ei olnud arvatavasti lihtne niimoodi rääkida. Isegi nüüd kui valitsus kuulutab kristluse seadusega keelustatuks või tõrjub seda, ei või ametipositsioonidel isikud kristluse poolel olla. Samamoodi pidasid sel ajal iisraellased kõiki muid uskusid peale judaismi valeks. Niodeemus teadis, et kui ta Jeesuse poolel seisis, võidi teda valitsuskogust välja heita.

Sellest hoolimata kaitses Nikodeemus Jeesust. See tõendas, et ta oli tõetruu ja ta püsis kindlas usus Jeesusesse.

Johannese 19:39-40 kirjeldatakse stseeni kohe pärast Jeesuse ristisurma:

Siis tuli ka Nikodeemus, kes kord varem oli tulnud Jeesuse juurde öösel, ja tõi kaasa sada naela mürri ja aaloe segu. Siis nad võtsid Jeesuse ihu ja mähkisid ta surilinadesse koos lõhnarohtudega, nõnda nagu on juutide matmiskomme.

Seega uskus Nikodeemus, et Jeesus oli jumalamees ja ta teenis Jeesust muutumatult isegi pärast Tema ristilöömist ja sai usu läbi Tema ülestõusmisesse päästetud.

Nikodeemus tuleb Jeesuse juurde

Johannese 3. peatükis on Jeesuse ja Nikodeemuse dialoog, enne kui ta mõistis tõde vaimus.

Ühel ööl tuli Nikodeemus Jeesuse juurde ja tunnistas avalikult: *„Ta tuli ühel ööl Jeesuse juurde ja ütles Talle: „Rabi, me teame, et sa oled Jumala juurest tulnud Õpetaja, sest keegi ei suudaks teha neid tunnustähti, mida Sina teed, kui temaga ei oleks Jumal."* (2. salm)

Nikodeemus ei teadnud alguses, et Jeesus oli Messias ja Jumala Poeg. Aga kui Nikodeemus nägi Jeesuse imesid, taipas ta ja tunnistas oma hea südametunnistuse tõttu, et Jeesus oli jumalamees. Ta teadis oma hea südametunnistuse kaudu, et üksnes Kõikvõimas Jumal võis surnuid ellu äratada, teha pimedad nägijaks, jalust vigased püsti tõsta ja pidalitõbised terveks teha.

Miks ta tuli siis Jeesuse juurde öösel? Ta oli nagu üks nendest inimestest, kes ei tahtnud koguduses avalikult käia, sest neil puudus usaldus Looja Jumala vastu.

Kuigi Nikodeemusel oli hea süda, ei olnud tal tõest usku. Tal puudus usaldus Jeesusesse kui Jumala Poega ja Messiasse, seega ta ei külastanud Jeesust avalikult päeva ajal, vaid öösel.

Jeesus aitab Nikodeemusel Vaimselt aru saada

Jeesus ütles Nikodeemusele: *„Tõesti, tõesti, ma ütlen sulle, kes ei sünni ülalt, ei või näha Jumala riiki* (Johannese 3:3).

Kuid Nikodeemus ei suutnud seda üldse mõista. Siis ta küsis taas: „Kuidas saab inimene sündida, kui ta on vana?" Tal puudus vaimne usk, seega ta mõtles: „Vanainimene sureb ja temast saab taas muld ja kuidas ta saab siis uuesti sündida?"

Siis rääkis Jeesus talle veest ja Vaimust sündimisest: *„Tõesti, tõesti, ma ütlen sulle, kes ei sünni veest ja Vaimust, ei saa minna Jumala riiki. Lihast sündinu on liha, ja Vaimust sündinu on vaim"* (5.-6. salm).

Kui Nikodeemus tahtis teada, mida Jeesus mõtles, selgitas Jeesus talle seda tähendamissõna abil: *„Tuul puhub, kuhu ta tahab, ja sa kuuled ta häält, kuid ei tea, kust ta tuleb ja kuhu ta läheb. Niisamuti on kõigiga, kes on sündinud Vaimust"* (8. salm).

Pärast Aadama sõnakuulmatust suri iga inimese vaim ja pärast seda oli surm igaühe saatuseks. Kuid inimese vaim ärkab ellu pärast Pühast Vaimust sündimist. Kui ta muutub vaimseks, taastub temas Jumala kuju ja ta päästetakse. Kuid Nikodeemus ei saanud aru, mida Jeesus öelda tahtis (9. salm).

Seega ta küsis: „Kuidas see on võimalik?" Jeesus vastas talle:

„Te ei usu mind juba siis, kui ma räägin maistest asjadest, kuidas te usuksite siis, kui ma teile räägiksin taevaseid asju?" Ja ometi ei ole keegi läinud üles taevasse peale Inimese Poja, kes on tulnud taevast alla. Ja nõnda nagu Mooses ülendas kõrbes vaskmao, nõnda peab ülendatama Inimese Poeg, et igaühel, kes usub, oleks Temas igavene elu (12.-15. salm).

4. Moosese raamatus 21:4-9 rääkisid iisraellased, keda toodi Egiptusest välja, Moosese vastu, sest nende teekond Kaananisse oli muutunud järjest raskemaks. Siis pööras Jumal oma pale ja saatis mürgimaod, kes inimesi salvasid.

Kui nad karjusid appi, ütles Jumal, et Mooses teeks vaskmao ja paneks selle teiba otsa. Jumal päästis kõik, kes seda vaatasid, kuid tõrksad inimesed surid, sest nad ei vaevunud oma uskmatuses seda isegi vaatama.

Jumala Sõna vaimne mõistmine

Miks Jumal käskis pronksmao teha ja see teiba otsa panna? 1. Moosese raamatust 3:14 me teame, et madu oli neetud. Lisaks öeldakse Galaatlastele 3:13: *„Neetud on igaüks, kes puu küljes ripub."*

Seetõttu sümboliseeris pronksmao teiba otsa panek, et Jeesus pannakse neetud mao taoliselt puuristile, et teid lunastada. Lisaks, nii nagu kõik, kes pronksmadu vaatasid, jäid elama, on igaüks, kes Jeesust Kristust usub, päästetud.

Nikodeemus ei suutnud aru saada Jumala Sõna tähendusest,

sest ta ei olnud veel veest ja Vaimust sündinud ja tema vaimusilmad ei olnud veel avanenud.

Isegi täna – kui te ei ole sündinud veest ja Vaimust ja teie vaimusilmad ei ole avanenud, ei saa te mõista vaimse sõnumi tähendust, kuna te võite seda tähttäheliselt võtta ja sellest valesti aru saada.

Te peate tuliselt palvetama, et Jumala Sõna vaimsest tähendusest Püha Vaimu õhutusega aru saada. Siis avab Jumala arm teie südame ja te võite mõista Jumala Sõna ja teil võib olla tõene usk.

Veest ja Vaimust sündimine

Jeesus ütles Nikodeemusele tema öise külaskäigu ajal: *„Tõesti, tõesti, ma ütlen sulle, kes ei sünni veest ja Vaimust,ei saa minna Jumala riiki. Lihast sündinu on liha ja Vaimust sündinu on vaim"* (Johannese 3:5-6).

Olgu meil selge veest ja Vaimust sündimise tähendus. Kuidas te saate veest ja Vaimust uuesti sündida ja saada päästetud?

Vesi sümboliseerib igavese elu vett

Vesi leevendab teie janu ja silub keha siseorganeid. See puhastab ka teie keha välis- ja seespidiselt.

Seega võrdles Jeesus igavese elu vett veega, et selgitada, et see puhastab ja toob elu.

Jeesus ütles Johannese 4:14: *„Aga kes iganes joob vett, mida*

*mina talle annan, ei janune enam iialgi, vaid vesi, mille mina
talle annan, saab tema sees igavesse ellu voolavaks allikaks."*
Kui te joote vett, ei ole te mõnda aega janune, kuid lõpuks
muutute te taas januseks. Vesi tähendab siin Pühakirjas igavest
vett. Kes iganes joob Jeesuse antud vett, ei janune iialgi enam.
Nimelt „igavesse ellu voolav allikas" annab teile elu.

Johannese 6:54-55 öeldakse: „*Kes minu liha sööb ning minu
verd joob, sellel on igavene elu ja mina äratan ta üles viimsel
päeval, sest minu liha on tõeline roog ja minu veri on tõeline
jook.*" See tähendab – Jeesuse liha ja veri on igavene vesi.

Pealegi tähendab Tema „liha" Piibli Sõna, sest Jeesus on Sõna,
kes tuli maailma lihas. Tema liha söömine tähendab Piibli
läbilugemise ajal Tema Sõna meeles pidamist.

Jeesuse veri on elu ja elu on tõde. Tõde on Kristus ja Kristus
on Jumala vägi. Kõik need on Jeesuse veri. Kuna Jumala vägi
tuleb usus, tähendab Jeesuse vere joomine usu läbi Tema Sõnale
kuuletumist.

Te saite teada, et vesi sümboliseerib vaimselt Jeesuse liha – see
on Jumala Sõna ja Jumala Tall. Samamoodi nagu vesi puhastab
teie ihu, peseb Jumala Sõna mustuse teie südamest.

Sellepärast ristitakse teid koguduses veega ja ristimine
sümboliseerib, et te olete Jumala laps ja teie patud on andestatud.
Lisaks tähendab see, et te peaksite Jumala Sõna üle mõtisklema ja
selle kaudu igapäevaselt puhastatud saama.

Veest uuestisünd

Kuidas te võite siis pesta oma südamest mustust Jumala

Sõnaga, mis on igavene vesi?

Jumal annab meile nelja tüüpi käskusid: „tee," „ära tee," „pea midagi" ja „saa lahti millestki." Näiteks Jumal ütles, et te ei teeks asju nagu kadestamine, vihkamine, kohtumõistmine, varastamine, abielurikkumine ja tapmine.

Samamoodi ei tohiks te teha keelatut ja samaaegselt peaksite te vabanema igasugusest kurjast. Te peaksite pidama ka hingamispäeva, evangeeliumi kuulutama, palvetama ja üksteist armastama. Teie süda täitub siis Püha Vaimu abil aja jooksul tõega ja Jumala Sõna peseb teie ülekohtu või patu ära. Sel viisil võidakse teie süda umber lõigata ja muuta tõeseks kui te tegutsete vastavalt Jumala Sõnale ja see tähendab "veest sündimist."

Niisiis peate te kogu pääsemise saamiseks mitte üksnes Jeesust vastu võtma, vaid ka igal eluhetkel Jumala Sõna täitmisega oma südant ümber lõikama.

Vaimust uuestisünd

Pääsemise saamiseks peaksite te olema samuti veest ja Vaimust sündinud. Kuidas sündida Vaimust? Apostlite tegudes 19:2 küsis apostel Paulus mõne jüngri käest: *„ Kas te võtsite vastu Püha Vaimu, kui te saite usklikuks? "* Mida tähendab Püha Vaimu vastuvõtmine?

Esimene inimene Aadam koosnes „vaimust," „hingest" ja „ihust" (1. Tessalooniklastele 5:23), aga ta vaim suri sõnakuulmatuse tagajärjel. Siis sai temast hingest ja ihust koosnev olend, kes ei olnud loomast palju parem (Koguja 3:18).

Kui te parandate pattudest meelt ja tunnistate, et te olete

patune, annab Jumal teile Püha Vaimu armuanni, mis on Tema lapseks olemise tunnuseks (Apostlite teod 2:38).

Iga Jumala laps, kes saab Püha Vaimu anni, suudab Jumala Sõna abil teha vahet hea ja halva vahel ja elada taevase väe ja jõuga tuliselt ja lakkamata palvetades Jumala Sõna kohaselt.

Sedamoodi muutute te tõeks ja teil on vaimne usk, mis on nii suur, et teis sünnib Püha Vaimu abil teie vaim. Johannese 3:6 öeldakse: *„ Lihast sündinu on liha, ja Vaimust sündinu on vaim"* ja Johannese 6:63 täheldatakse: *„ Vaim on see, kes elustab, lihast ei ole mingit kasu. Sõnad, mis ma teile olen rääkinud, on vaim ja elu."*

Saage Püha Vaimu järgivaks vaiminimeseks

Kui te sünnite veest ja Pühast Vaimust, saate te taevase kodakondsuse (Filiplastele 3:20). Jumala lapsena osalete te ülistusteenistustel, kiidate Teda rõõmuga ja püüate elada valguses.

Enne Püha Vaimu vastuvõtmist elasite te pimeduses, sest te ei tundnud tõde. Kuid pärast Püha Vaimu vastuvõtmist te püüate valguses elada.

Aja möödudes te leiate, et kuigi te südames on rõõm, on teil pidevad siseheitlused. See on nii, kuna Püha Vaimu soove järgiv vaimuseadus on patuse inimese ihalusi, silmahimu ja elukõrkust järgiva patuloomuse vastu (1. Johannese 2:16).

Apostel Paulus rääkis sellest võitlusest: *„Sisemise inimese poolest ma rõõmustan Jumala Seaduse üle, oma liikmetes näen aga teist seadust, mis sõdib vastu minu mõistuse* *seadusele ja aheldab mind patu seadusega, mis on mu liikmetes. Oh mind õnnetut inimest! Kes ostab mu lahti sellest surma ihust?"* (Roomlastele 7:22-24)

Kui te olete veest ja Vaimust sündinud, olete te just Jumala lapseks saanud. See ei tähenda, et te oleksite vaimselt täiuslik inimene.

Sellepärast öeldakse meile Galaatlastele 5:16-17: *„Ma tahan öelda: Käige Vaimus, siis te ei täida lihalikke himusid. Sest lihalik loomus himustab Vaimu vastu ja Vaim lihaliku vastu, need on teineteise vastased, nii et teie ei saa teha seda, mida tahaksite."*

Püha Vaimu järgimiseks peaksite te Jumala Sõna alusel elama ja tegema Jumalale vastuvõetavat ja meelepärast tahet. Seega, kui te järgite Vaimu soove, ei kiusata teid ja te suudate võita vaenlast kuradit ja saatanat, kes ahvatleb teid patuloomuse soove järgima. Te võite elada tõe alusel ja pühenduda ustavalt jumalariigile ja Tema õigsusele.

Kui te järgite Püha Vaimu soove, on teil rõõm ja rahu. Aga kui te järgite patuloomuse soove, olete te viletsad ja koormatud kui te järgite patuloomuse soove.

Kui teie usk muutub täielikuks, võite te vabaneda oma pattudest ja järgida Püha Vaimu soove kõigis asjus. Teie sees olevad soovid, mis tahavad patuloomust järgida, kaovad. Lisaks ei ole teil vaja heidelda pattudest vabanemisega ja enam armetu olla. Te võite alati igas olukorras rõõmustada.

Jumalal on heameel neist, kes elavad Vaimu soovide kohaselt. Ta annab neile nende südamesoovid nii nagu Ta tõotab meile Laulus 37:4: *„Olgu sul rõõm Isandast; siis Ta annab sulle,* *mida su süda kutsub."*

Kui te muudate oma südame tõtt täis südameks, on Jumalal teist väga hea meel ja see teeb teie jaoks kõik võimalikuks. Ma loodan, et te sünnite veest ja Vaimust ja elate Vaimu soovide kohaselt.

Kolm tunnistajat: Vaim, vesi ja veri

Nii nagu ma juba selgitasin, peaksite te olema sündinud veest ja Vaimust, et saada päästetud. Kuid täieliku pääsemise saamiseks tuleb teid valguses käimise teel Jeesuse verega pattudest puhastada.

Kui teie süda ei ole puhastatud, on teil ikka veel patud. Seega on teil ülejäänud patust puhtaks saamiseks vaja Jeesus Kristuse verd.

Selle kohta räägitakse meile 1. Johannese 5:5-8 järgmist:

> *Kes on, kes võidab ära maailma? Eks see, kes usub, et Jeesus on Jumala Poeg! Tema on see, kes tuli vee ja verega – Jeesus Kristus. Ta ei tulnud üksnes veega, vaid vee ja verega, ja Vaim on selle tunnistajaks, sest Vaim on tõde. Jah, tunnistajaid on kolm: Vaim, vesi ja veri, ja need kolm on üks.*

Jeesus tuleb vee ja verega

Johannese 1:1 kirjutatakse, et: *„Ja Sõna oli Jumal"* ja

Johannese 1:14: „*Ja Sõna sai lihaks ja elas meie keskel, ja me nägime tema kirkust nagu Isast Ainusündinu kirkust, täis armu ja tõtt.*" See on Jeesus – Jumala ainus Poeg ja Jumala Sõna ise, kes tuli maa peale lihas, et meie patte andeks anda. Isegi täna puhastab Ta meid edasi Jumala Sõna – Piibliga.

Kuid te ei saa Püha Vaimu abita Jumala Sõna kohaselt elada. Oma jõuga on võimatu pattudest vabaks saada. Teil on vaja innuka palvega Püha Vaimu abi saada, et te võiksite kõrvaldada patuloomuse ihad, silmahimu ja elukõrkuse. Üksnes siis võite te oma südamest pagendada vale pimeduse.

Lisaks on teil andekssaamiseks vaja verevalamist. Heebrealastele 9:22 öeldakse, et: „*Moosese Seaduse järgi puhastatakse peaaegu kõik asjad vere kaudu, ja ilma vere valamiseta ei ole andeksandmist.*" Te vajate Jeesuse verd, sest üksnes Tema veatu plekitu veri toob teile andestuse.

Te peate uskuma Jeesust, kes tuli vee ja verega ja saama Jumala anni – Püha Vaimu, et pääseda, mille jaoks on teil vaja järgmist kolme: Vaimu, vett ja verd.

Verevalamiseta ei ole andekssaamist ja te olete ikka patune. Te ei vaja puhtaks saamiseks üksnes Sõna – vett, vaid ka Püha Vaimu, kes aitab teil Sõna järgi täielikult elada. Seega on need kolm üksmeeles.

Seega peaksime me pärast Jeesuse Kristuse vastuvõtmise teel pattude andekssaamist jätkama veest ja Vaimust sündimist, et saada täielik pääsemine, mõistes tõsiasja, et meid päästavad ja viivad Taevasse kõik kolm – Vaim, vesi ja veri.

Peatükk 10

MIS ON KETSERLUS?

- Piibellik ketserluse määratlus
- Tõe vaim ja eksituse vaim
- Olge ettevaatlikud mõnede lahkusu
  sekti suhtes

Aga rahva seas oli ka valeprohveteid, nõnda nagu teiegi sekka tuleb valeõpetajaid, kes vargsi toovad sisse hukutavaid eksiõpetusi ja salgavad ära Isanda, kes on nad vabaks ostnud. Nad tõmbavad iseeneste peale äkilise hukatuse. Ja paljud järgivad neid nende kõlvatuses ning nende tõttu teotatakse tõe teed. Ja ahnitsedes püüavad nad teid võltside sõnadega ära osta. Nende mõõt on ammu juba täis ja nende hukatus ei tuku.

2. Peetruse 2:1-3

Materialismi tsivilisatsiooni arenguga hakkasid inimesed Jumalat salgama, sest nad sõltusid oma tarkusest ja teadmistest. Kuna patud on levinud, pimenduvad inimvaimud ja inimesed muutuvad rikutuks. Seega petetakse paljusid valedega, sest nad ei suuda teha vahet tõe ja vale vahel. Nad teevad vea ka sellega, et nad hindavad teisi inimesi oma õigustatud teadmiste ja teooriate baasilt.

Matteuse 12:22-32 tervendas Jeesus deemonitest seestunud inimese, kes oli olnud pime ja tumm. Aga kui variserid said sellest teada, ütlesid nad: *„See ei aja kurje vaime välja kellegi muu kui Peltsebuli, kurjade vaimude ülema abil"* (24. salm). Nad arvasid, et Jumala tööd tegi kuri vaim.

Jeesus ütles neile Matteuse 12:31-32: *„Seepärast ma ütlen teile: Inimestele antakse andeks iga patt ja teotamine, aga Vaimu teotamist ei anta andeks! Ja kui keegi ütleb midagi Inimese Poja vastu, võib ta saada andeks, aga kui keegi ütleb midagi Püha Vaimu vastu, ei andestata talle ei sellel ega tulevasel ajastul."*

Variserid järeldasid, et see, mida Jeesus tegi Püha Vaimu väega, oli kurja vaimu töö. Pühale Vaimule vastupanemine on jumalateotus. Seega ei saanud need variserid andeks.

Kui te teete tõe ja vale vahel Piibli alusel selget vahet, ei mõista te teiste üle kohut ega saa vale läbi petetud.

Süüvigem Jumala perspektiivist sügavamale „ketserlusse" ja sellesse, kuidas teha vahet Jumala Vaimul ja kurjadel vaimudel ja vaadelgem mõnd ketserlikku sekti, mille suhtes te peaksite olema ettevaatlik.

Piibellik ketserluse määratlus

Oxfordi sõnaraamatus määratletakse „ketserlust" kui „usku arvamusse, mis läheb mingi teatud religiooni põhimõtete vastu." Mõned inimesed arvestavad vaid sellega, mida nemad õigeks peavad, aga arvavad, et muud religioonid on ketserlikud. Näiteks budisti jaoks on tõene ja õige tee üksnes budism. Nende jaoks ei ole muud religioonid nagu konfutsianism tõde.

Paulus, ketserliku sekti juhi süüdistusega

Apostlite teod 24:5 öeldakse, et: „*Sest me oleme leidnud, et see mees on nagu katk ja õhutab mässu kõigi juutide seas kogu riigis, olles ise naatsaretlaste lahkusu peamees.*" Siin tähistab „naatsaretlaste lahkusk" „ketserlikku sekti" ja see on esimene kord kui Piiblis kasutatakse sõna „ketserlik".

Juudid süüdistasid Paulust maavalitseja ees, sest nad mõtlesid, et Paulus jutlustas lahkusu evangeeliumi. Paulus lükkas süüdistused ümber ja tunnistas oma usku nagu kirjas Apostlite tegudes 24:13-16.

Nad ei suuda ka tõestada seda, milles nad mind nüüd

süüdistavad. Ma tunnistan sulle aga seda, et ma usuteed mööda, mida nemad nimetavad lahkusuks, teenin oma Isade Jumalat, uskudes kõike, mis Seadusesse ja prohvetite raamatutesse on kirjutatud, ja mul on lootus Jumala peale, et tuleb õigete ja ülekohtuste ülestõusmine, mida nemad ka ise ootavad. Just selle pärast püüan ma alati hoida puhast südametunnistust Jumala ja inimeste ees.

Kas apostel Paulus oli tõesti lahkusuline?

Te peaksite Piiblist ketserluse määratluse leidma, sest Piibel on Jumala Sõna ja Jumal on ainus tõeline olend, kes suudab eristada tõde valest. Piiblis tehakse viis korda juttu terminist, mis määratleb „ketserliku sekti". Kuid ketserluse määratlusest on vaid korra juttu tehtud:

Aga rahva seas oli ka valeprohveteid, nõnda nagu teiegi sekka tuleb valeõpetajaid, kes vargsi toovad sisse hukutavaid eksiõpetusi ja salgavad ära Isanda, kes on nad vabaks ostnud. Nad tõmbavad iseeneste peale äkilise hukatuse. Ja paljud järgivad neid nende kõlvatuses ning nende tõttu teotatakse tõe teed. Ja ahnitsedes püüavad nad teid võltside sõnadega ära osta. Nende mõõt on ammu juba täis ja nende hukatus ei tuku (2. Peetruse 2:1).

„Isand, kes nad vabaks ostis" tähendab Jeesust Kristust.

Inimene kuulus esialgselt Jumalale ja elas Tema tahte kohaselt. Aga pärast tema sõnakuulmatust sai Aadamast patune, kes kuulus kuradile. Kuid Jumalal oli kahju inimestest, kes olid teel surma. Jumal saatis Jeesuse – oma ainsa Poja, rahuohvriks ja lasi Teda risti lüüa, et Ta võiks oma vere läbi pääsemise tee teha.

Jumal tõotab meile, kes me kunagi kuulusime kuradile, et meie patud andestataks kui me usume Jeesust Kristust. Me saame samuti elu ja hakkame taas Jumalale kuuluma. Seepärast me võime öelda, et Jeesus ostis meid enese ristilöömisega ja Piiblis öeldakse, et Jeesus on „ülim Isand, kes nad ostis."

Ketserid salgavad Jeesuse Kristuse

Nüüd te teate, et „lahkusuline" tähistab „neid, kes salgavad ära Isanda, kes on nad vabaks ostnud ja kes tõmbavad iseeneste peale äkilise hukatuse" (2. Peetruse 2:1). Seda terminit ei kasutatud kunagi kuni Jeesus täitis oma missiooni Päästjana. Nimi „Jeesus" tähendab „[Teda], kes päästab oma rahva nende pattudest." „Kristus" on „võitu." Jeesusest sai Päästja alles pärast Tema töö lõpetamist – ristilöömist ja elluäratamist.

Sellepärast te ei leia seda terminit Vanast Testamendist ega Matteuse, Markuse, Luuka ega Johannese evangeeliumist, kus Jeesuse elu on kirjas. Isegi variserid, käsuõpetajad ja preestrid, kes Jeesust taga kiusasid, ei kasutanud seda terminit. Ka ülempreestrid ei kasutanud seda.

Üksnes pärast Jeesuse ülestõusmist, et lõpetada oma mission Kristusena, ilmusid „inimesed, kes salgasid neid vabaks ostnud Isanda". Ja üksnes siis hakati Piiblis hoiatama nende lahkusuliste eest.

Seega kui inimesed usuvad, et Jeesus Kristus on „neid vabaks ostnud Isand," ei ole nad lahkusulised. Aga kui nad seda salgavad, on nad lahkusulised.

Apostel Paulus ei salanud Jeesust Kristust, kes oli ta oma kalli verega lunastanud. Selle asemel andis Paulus tänu Jeesusele Kristusele, keda ta kuulutas kõikjal, kuhu ta läks. Paulust kiusati taga ning ta pidi maksma kallist hinda. Viis korda sai ta juutidelt nelikümmend miinus üks piitsahoopi. Üks kord visati teda kividega surnuks. Teda vangistati, paganad ja tema kaasmaalased kiusasid teda taga ja need, keda ta oli usaldanud, reetsid ta. Sellest hoolimata sai Paulusest suure väega inimene, kes võitis need kannatused rõõmu ja tänuga ja austas Jumalat, tervendades lugematul hulgal inimesi Jeesuse Kristuse nimel, kuni päevani, mil ta suri märtrisurma.

Paulus kuulutas evangeeliumi Jumala väe osutamisega

Te peaksite teadma, et Jumala väge ei saa näidata neile, kes salgavad Looja Jumala ja Jeesuse Kristuse, kes on Jumala enese olemus, kuna Piiblis öeldakse selgelt: „Kord on Jumal rääkinud; kaks korda ma olen seda kuulnud, et Jumalal on vägi" (Laul 62:12).

Te ei või hukka mõista inimest, kes näitab Jumala väge, sest vägi tõendab, et Jumal on temaga ja see isik peab Teda kalliks. Galaatlastele 1:6-8 hoiatab Paulus, keda peeti naatsaretlaste lahkusu eestvedajaks, rangelt, et ei järgitaks ega kuulutataks mingit teistsugust evangeeliumi peale ristievangeeliumi:

Ma imestan, et teie nii ruttu pöördute ära Temast, kes teid Kristuse armu kaudu on kutsunud, mingi teistsuguse evangeeliumi poole. Mingit teist evangeeliumi ei ole, on vaid mõningaid, kes teid segadusse ajavad ja tahavad Kristuse evangeeliumi pahupidi pöörata. Aga kui ka meie ise või ingel taevast kuulutaks mingit evangeeliumi selle asemel, mida meie oleme teile kuulutanud – see olgu neetud!

Isegi täna peetakse mõningaid inimesi ketseriteks, isegi kui nad ei ole kunagi Jeesust Kristust salanud, vaid kuulutavad üksnes Kristuse evangeeliumi ja kuulutavad elavat Jumalat, näidates Tema väge ja töötades sellega.

Ärge kutsuge teisi suvaliselt lahkusulisteks

Ma olen samuti kannatanud ja talunud mitmeid katsumusi, mille käigus mind on süüdistatud ketserluses kui ma näitasin üles Jumala väge ja mu kogudus kasvas suuremaks. Tegelikult on kogudus kasvanud rohkem kui see on kasvanud rohkem kui 100000 liikmeni vähem kui kolme aastakümne jooksul, alates ajast kui kogudus asutati 1982. aastal.

Mul oli seitse aastat mitmeid haigusi ja Jumala vägi tegi mind korraga neist terveks. Siis ma püüdsin elada Jumala auks, süües kui juues nagu apostel Paulus. Ma andsin oma elu Jumala kätesse ja keskendusin „ainult Jeesusele, alati Jeesusele.”

Sellest ajast peale kui ma olin ilmalik, püüdsin ma tunnistada, et Jumal tervendas mind ja evangeeliumi kuulutada. Pärast seda kui Jumal mind Teda teenima kutsus, jutlustasin ma ristievangeeliumi ja kuulutasin elavat Jumalat ja Päästjat Jeesust. Ma tunnistasin isegi siis Jumalast kui ma laulatust läbi viisin, sest ma tahtsin innukalt juhatada rohkem inimesi pääsemise teele.

Ma sain aru, et Isanda tunnistamiseks maailma äärteni on vaja nii Jumala vägevat Sõna kui tõendust selle kohta, et Jumal on elav. Seega ma palvetasin tulihingeliselt – nii nagu usu esiisad tegid, et ma saaksin Jumala väe ja läbisin kõik enese ees seisvad katsumused tänu ja rõõmuga.

Vahel olid katsumused surmalaadsed. Kuid kuna Jeesus sai ülestõusmise au pärast oma veatut surma, suurendas Jumal mu väge vastavalt Tema tahtele kui ma võitsin katsumused ükshaaval.

Selle tulemusena, iga kord kui ma tunnistasin alates 2000. aastast kogu maailmas – Keenias, Ugandas, Honduurases, Jaapanis ja isegi väga muhameedlikus Pakistanis ja hinduistlikus Indias, miks Jumal on ainus tõene Jumal ja miks te olete päästetud kui te usute Jeesusesse Kristusesse, parandasid kümned tuhanded inimesed meelt, pimedad said nägijaks, tummad rääkisid, kurdid kuulsid ja inimesed tervenesid ravimatutest haigustest nagu AIDS ja eriliiki vähivormid. Need imed tõid Jumalale suurt au.

Seega, see kes mõistab ketserluse olemust täiesti, ei pea teisi ettevaatamatult ketseriks. Apostlite tegudes 5:33-42 kirjutatakse käsuõpetajast Gamaalielist, kes oli kõigi inimeste silmis austatud. Kuidas tegutses tema?

Sel ajal keelasid Sanheedrini variserid Peetrusel ja Johannesel Jeesusest Kristusest tunnistamise ära, kuid nad olid täis Püha Vaimu ja ei täitnud suurkogu otsust. Seega tahtsid Sanheedrini liikmed apostleid ära tappa. Kuid Gamaaliel tõusis Sanheedrinis püsti ja andis käsu, et mehed veidiks ajaks välja viidaks. Siis ta rääkis neile:

> *Iisraeli mehed, olge ettevaatlikud nende inimestega, mida te ka tahate teha! Sest hiljaaegu tõusis Teudas, öeldes enese kellegi olevat, ja tema poole kaldus arvult ligi nelisada meest. Ta hukati ja kõik tema pooldajad hajutati ning neist ei jäänud midagi järele. Pärast teda tõusis rahvaloenduspäevil üles galilealane Juudas ja ahvatles rahva enese järel ära taganema. Temagi hukkus ja kõik tema pooldajad pillutati laiali. Ja nüüd ma ütlen teile: Jätke need inimesed rahule ja laske neil olla – sest kui see nõu või tegu on inimestest, siis see läheb tühja, aga kui see on Jumalast, ei suuda teie seda hävitada –, et test ei saaks sõdijad Jumala enese vastu! Nad võtsidki teda kuulda (Apostlite teod 5:35-39).*

Seda lõiku lugedes on aru saada, et kui Jumal ei seisa imetöö taga ja see ei ole Jumalast, läheb see lõpuks tühja, isegi siis kui inimesed ei astu selle peatamiseks samme. Aga isegi kui nad Jumala töödele vastu seisavad või neid segavad, ei suuda nad neid peatada. Selle asemel ei erine nende jõupingutus Jumala vastu võitlemisest ja nad langevad Tema karistuse ja kohtumõistmise alla.

Vahel peavad inimesed teisi ketseriteks Piibli tõlgendamise erinevuste tõttu, Püha Vaimu nägemuste ja isegi keeltes rääkimise tõttu, kuigi nad kõik tunnistavad Kolmainsust ja seda, et Jeesus tuli lihas.

Mõned inimesed ütlevad isegi, et nad ei vaja keeli ega nägemusi ja need Püha Vaimu teod on valed, sest ei ole ülestähendusi, et Jeesus oleks keeltes rääkinud või nägemusi näinud. Kuid Piiblis öeldakse, et need on meie jaoks head asjad:

Aga igaühele antakse Vaimu avaldus ühiseks kasuks. Nii antakse ühele Vaimu kaudu tarkusesõna, teisele aga tunnetusesõna sellesama Vaimu poolt; ühele usku sessamas Vaimus, teisele aga tervendamise armuande ikka samas Vaimus; ühele väge imetegudeks, teisele prohvetlikku kuulutamist, kolmandale võimet eristada vaime; ühele mitmesuguseid võõraid keeli, teisele aga keelte tõlgendamist. Aga kõike seda teeb üks ja sama Vaim, jagades igaühele eriosa, nõnda nagu Tema tahab (1. Korintlastele 12:7-11).

Järelikult ei peaks te laimama ega neid, kellel on erinevat liiki vaimuanded, lahkusulisteks pidama vaid seetõttu, et te ei koge ise selliseid asju.

Tõe vaim ja eksituse vaim

2. Peetruse 2:1-3 on selgitus lahkusu kohta. Piiblis hoiatatakse valeprohvetite ja valeõpetajate eest, kes toovad salaja sisse hävitavaid lahkõpetusi. *"Ja paljud järgivad neid nende kõlvatuses ning nende tõttu teotatakse tõe teed. Ja ahnitsedes püüavad nad teid võltside sõnadega ära osta. Nende mõõt on ammu juba täis ja nende hukatus ei tuku"* (2. Peetruse 2:2-3).

Samuti öeldakse 1. Johannese 4:1-3: *"Armsad, ärge usaldage iga vaimu, vaid katsuge vaimud läbi, kas nad on Jumalast, sest palju valeprohveteid on läinud välja maailma. Te tunnete Jumala Vaimu sellest: iga vaim, kes tunnistab Jeesust Kristust lihasse tulnuna, see on Jumalast, ning ükski vaim, kes seda Jeesust ei tunnista, ei ole Jumalast, vaid see on antikristuse oma, kellest te olete kuulnud, et ta tuleb, ja nüüd ta juba ongi maailmas."*

Katsuge läbi iga vaim – kas see on Jumalast või mitte

On olemas head, Jumalale kuuluvad vaimud, mis viivad teid pääsemisele, aga on ka kurjad vaimud, mis petavad teid hävituseks.

Teisalt – see, kellele on antud Jumala Vaim, tunnistab, et Jeesus Kristus tuli lihas. Ta usub Kolmainsust – Jumalat, Jeesust Kristust ja Vaimu, seega tal on Jumala lapse pitser. Ta saab aru tõest ja elab Vaimu abil tõe alusel.

Teisest küljest – see, kellel on antikristuse vaim, seisab vastu

Jeesusele Kristusele Jumala Sõnaga ja salgab Ta lunastust. Te peate olema hoolikad ja suutma vahet teha antikristustel, sest antikristus töötab sageli kristlaste keskel, Jumala Sõna vääralt kasutades.

Igal juhul ei erine Jeesuse Kristuse salgamine võitlemisest Jumala vastu, kes saatis Ta sellesse maailma.

Piiblis hoiatatakse antikristuse eest 2. Johannese 1:7-8 järgnevalt:

> *Jah, maailma on läinud välja palju eksitajaid! Kes ei tunnista Jeesust Kristust lihasse tulnuna, seesama ongi eksitaja ja antikristus! Pange tähele iseennast, et te ei kaotaks seda, millega me oleme vaeva näinud, vaid et te saaksite kätte täie palga.*

1. Johannese 2:19 on toodud järjekordne hoiatus:

> *Nad on küll välja läinud meie seast, kuid nad pole olnud meie hulgast. Kui nad oleksid olnud meie hulgast, siis nad oleksid jäänud meie sekka. Kuid nad läksid ära, et teha avalikuks: ükski neist ei olnud meie hulgast.*

On olemas kahte tüüpi antikristuseid: inimene, kes on seestunud antikristuse vaimust ja inimene, kes on petetud antikristuse vaimust. Nad mõlevad püüavad petta inimesi, kus iganes Püha Vaim elab. Nad püüavad inmesed kinni, et Pühale Vaimule vastu panna ja petavad neid oma mõtete kaudu.

Inimesed, kelle mõtteid kontrollib täielikult antikristuse vaim, kutsutakse "kurjast vaimust seestunuks."

Kui jumalasulasele antaks antikristuse vaim, liiguksid koguduse liikmed hukatuse poole, olles vangi võetud antikristuse vaimu poolt.

Seega peate te teadma selgelt, milline on Tõe Vaim ja milline on eksituse vaim, et antikristuse vaim teid ei petaks, vaid te elaksite tõe ja valguse järgi.

Kuidas vaime eristada

1. Johannese 4:5-6 öeldakse: *"Nemad on maailmast, seepärast nad räägivad nagu maailmgi, ja maailm kuulab neid. Meie oleme Jumalast, kes on Jumala ära tundnud, see kuulab meid. Kes ei ole Jumalast, ei kuula meid. Sellest me tunneme ära tõe vaimu ja eksituse vaimu."*

Termin "eksitus" tähistab "valeväidet, mis on ebatõene." Eksituse vaim on maailma vaim, mis petab teid uskuma vale, otsekui oleks see tõde ja see paneb teid usu piiridest lahkuma. Nimelt – see, kes on Jumalast, kuulab tõesõna, aga see, kes kuulub maailma, kuulab maailma ütlusi ning mitte tõde. Seega on neid lihtne ära tunda. Tõde tundes saab teile selgeks, kas on tegu valguse või pimedusega. Siis te võite öelda: „See inimene on valguses, aga too on pimeduses."

Näiteks kui keegi ütleb pühapäeval: „Läheme pärastlõunal piknikule. Läheme ainult hommikusele koosolekule. See on ju sama hea, kas pole?" või kui ta püüab jumalariiki kurjade riugastega hävitada ja väidab end ikka Jumalasse uskuvat, on see eksituse vaimu töö.

Kui te võtate vastu Jumalast lähtunud Tõe Vaimu, võite te aru saada paljudest asjadest, mida Jumal teile tasuta annab (1. Korintlastele 2:12). Jumala kallis laps – tollepärast elab sinu sees Püha Vaim. Tema on Tõe Vaim ja juhatab teid kõigesse tõtte. Ta ei räägi iseenesest; Ta räägib üksnes seda, mida Ta kuuleb ja Tema räägib teile tulevastest asjadest.

Seetõttu ütleb Jeesus Johannese 14:17: *„Tõe Vaimu, keda maailm ei saa võtta vastu, sest ta ei näe Teda ega tunne Teda ära. Teie tunnete Tema ära, sest Ta jääb teie juurde ja on teie sees."* Johannese 15:26 meenutatakse meile taas Püha Vaimu: *„Kui tuleb Lohutaja, kelle ma teile Isa juurest saadan, Tõe Vaim, kes lähtub Isasst, siis Tema tunnistab minust."*

Samuti kirjutatakse 1. Korintlastele 2:10: *„Aga meile on Jumal selle ilmutanud Vaimu kaudu, kuna Vaim uurib läbi kõik, ka Jumala sügavused."* Nii nagu on kirjutatud, on Püha Vaim ainus, kes teab ja tajub Jumala mõtteid täielikult.

Järelikult kuulavad need, kes

Tõe Vaimu on saanud, tõesõna ja on sellele kuulekad. Mida rohkem Jumala kuningriik ja Tema õigsus levivad, seda rohkem nad rõõmustavad. Nad on täis elu ja igatsevad taevast kuningriiki.

Omet käivad mõned lihtsalt rõõmutult koguduses, sest neil ei ole Jumala loodud usku. Nad kuuluvad ikka sellesse maailma ja eelistavad maailmalikke asju nagu raha ja lõbustusi. Seega ei saa nad taevariiki igatsedes tões elada ega Jumalat kogu südamest armastada.

Lõpuks jätavad need inimesed Jumala eksituse vaimu tõttu,

sest nad kuuluvad maailma ja neil ei ole Tõe Vaimu. Samuti kui keegi laimab või räägib kuulujutte teistest usuvendadest või –õdedest või segab teisi kadedusest, kuna nad on ustavad jumalariigile ja Tema õigsusele, ei ole ta Tõe Vaimust.

Ärgu keegi teid eksitagu

1. Johannese 3:7 kannustatakse meid järgmiselt: „*Lapsed, ärgu keegi eksitagu teid! Kes teeb õigust, on õige, nii nagu Tema on õige.*" Te ei peaks Jumala Sõnast eemale pöörduma, et teid ei petetaks valeteadmisega, sest teid ei saa õpetada millegi muuga peale Jumala Sõna. Vaid siis saate te täieliku pääsemise, olete selles maailmas rikkad ja teil on taevariigis igavene elu.

Kuid kurat püüab igasugusel moel takistada Jumala lapsi Sõna alusel elamast ja paneb teid maailmaga kompromisse tegema, Jumalast ära pöörduma, Temas kahtlema ja Talle vastu panama. 1. Peetruse 5:8 öeldakse: "*Olge kained, valvake! Teie süüdistaja, kurat, käib ringi nagu möirgav lõvi, otsides, keda neelata.*"

Kuidas saavad siis vaenlane kurat ja saatan Jumala lapsi petta? Te võite võrrelda seda mehe poolt ahvatletud naisega. Kui naine käitub armu ja väärikusega ja tal on head maneerid, ei julge mehed teda võrgutada. Vastasel korral võivad mehed naist, kes ei pea end sobivalt ülal, lihtsalt ahvatleda. Samamoodi lähenevad vaenlane kurat ja saatan inimesele, kes ei püsi kindlalt tões ja kahtleb Jumalas. Kurat ahvatleb neid Jumalast ära pöörduma ja Talle vastu panama ja viib nad lõpuks surma teele. Samamoodi ahvatles kurat Eevat, sest Jumala Sõna väänamine tabas teda kaitsetult.

Muidugi võivad teil olla katsumused ka siis kui teis pole mingit viga. See on nii, kuna Jumal soovib teid õnnistada, nii nagu te võite näha Taanieli katsumusest kui ta lõukoerte auku visati või Aabrahami katsumusest kui ta pidi oma poja põletusohvrina ohverdama.

Kui te olete silmitsi katsumuste või raskustega, kuna te ei püsi kindlalt tões, peaksite te kohe oma pattudest meeleparandusega pöörduma, kõik ahvatlused ja katsumused Jumala Sõnaga eemale ajama ja püüdma anda parimat, et tõekaljul kindlalt püsida.

Püsige kindlalt Tões; Ärge saage petetud

1. Timoteosele 4:1-2 kirjutab sõnade kirjapanija: *„Aga Vaim ütleb selge sõnaga, et tulevastel aegadel mõned taganevad usust ja hoiavad eksitajate vaimude ja kurjade vaimude õpetuste poole."*

See räägib lõpuaegadest, mil mõned inimesed, kes väidavad, et neil on usk, pöörduvad oma usust ja järgivad eksitajaid vaime ja kurjade vaimude õpetatud asju.

Petetud on silmakirjalikud, isegi kui nende teod tunduvad ustavad ja õiged. Nad palvetavad teiste eest ja püüavad olla ustavad raha pärast ning mitte tänutundest Jumala armu eest. Lõpuks jätavad nad oma usu ja lähevad surma teed, sest need südametunnistus on põletatud nagu tulise rauaga valetamise tõttu, tõeta elu ja maailma lõbustustega rahuldumise tõttu.

Jumal hoiatab rangelt kogu Piiblis, et meid ei petetaks. Jeesus hoiatab meid Matteuse 7:15-16: *„Hoiduge valeprohvetite eest,*

*kes tulevad teie juurde lambanahas, seestpidi aga on kiskjad
hundid! Te tunnete nad ära nende viljast. Ega viinamarju
korjata kibuvitselt ega viigimarju ohakailt?"*

Inimese sõnad ja teod peegeldavad tema mõtteid ja tahet.
Seega te suudate inimesi nende viljast tunda. Kui kellelgi on
kurja vili nagu vihkamine, kadedus ja armukadedus tõe, headuse
ja õigsuse vilja asemel, on ta valeprohvet.

Paljud valeprohvetid, antikristused, on juba selles maailmas
olemas. Seega on Jumala lastel vaja veatut arusaama ketserluse
kohta, et nad oskaksid eristada Tõe Vaimu ja eksituse vaimu.

Vaenlane kurat ja saatan ei jäta kunagi kasutamata võimalust
Jumala laste petmiseks ja nende patustama panekuks, mil iganes
nad tões kõhklevad. Kui te püsite tões ja teete selle kohaselt, ei
peta teid eksituse vaim ning isegi kui see teile läheneb, võidate te
selle kergelt.

Te ei tohiks tunnistada mingisuguseid muid tõe vastu
minevaid õpetusi ega neid järgida ega nende õpetuste kaudu
petetud saada. Selle asemel olge Jumala Sõnale kuulekad ja
järgige Püha Vaimu soove, et te võiksite olla julge ja veatu meie
Isanda Jeesuse Kristuse Teise Tuleku ajaks.

Olge ettevaatlikud mõnede lahkusu sekti suhtes

Pärast evangeeliumi levimist kõigisse maailmanurkadesse, on
samamoodi esile kerkinud ka paljud lahkusu sektid. Nad petsid
Jumala lapsi ja juhatasid nad surma teele.

Nende iseloomustuses on mitmeid ühisnäitajaid. Nad on Piibli suhtes ükskõiksed ja väänavad evangeeliumi. Neil on Piiblile lisaks omaenda kirjakohad. Nad peavad ka oma religiooni algatajat pühaks, keskendudes nende kirjakohtadele. Nad ei kuuluta risti evangeeliumi, ülestõusmist ja Jeesuse Kristuse tagasitulekut. Selle asemel petavad nad inimesi Jumalast eemale pöörduma. Pealegi on enamik neist ahned ja annavad endist parima raha teenimiseks.

Uurigem mõnd neist üksikasjalikult.

Esiteks peate te olema ettevaatlik niinimetatud „Unifitseeritud koguduse" „Maailma kristluse ühendamise Püha Vaimu liidu" suhtes, mille rajaja on Sun Myung Moon. Unifitseeritud kogudus salgab Jeesus Kristuse ja Kolmainsuse jumalikku iseloomu, pidades Jeesust üheks looduist. Pealegi väidavad nad, et Jeesus päästis üksnes meie vaimu ja ei päästnud meid lihalikust rikutusest. Nad toonitavad, et meil on vaja teise tulemise isandat, kes tuleb lihas, et meid lihalikust rikutusest päästa. Nad õpetavad ka oma pühakirja *Won-li Gang-non* või *„Põhiprintsiipide selgituse."* alusel, et Sun Myung Moon ongi see inimene

Moon väidab, et ta on naasnud päästja. Ta on rakendanud kogu oma energia erinevate Korea, Ühendriikide ja Euroopa äriettevõtete kaudu tulu saamiseks, mis on ta äärmiselt rikkaks teinud.

Teiseks peaksite te olema ettevaatlikud „Jehoova tunnistajate" suhtes. Nad alustasid 19. sajandil Ameerika Ühendriikides. Nad salgavad Kolmainsust ja arvavad, et Jeesus on üksnes üks Jumala loodutest. Nad rõhutavad, et ei ole olemas Jeesuse Kristuse teist tulekut ja taevariik eksisteerib selles maailmas.

Nad usuvad ka, et jumalariik algas 1914. aastal siin maa peal. Nad õpetavad oma pühakirja, nimega *„ Uue Maailma Tõlge."* Nende valearusaama ja usu tõttu

Tuhandeaastasesse rahuriiki, on Jehoova tunnistajad põhjustanud ühiskondlikke sõnasõdu ja probleeme, vältides sõjaväeteenistust ja keeldudes rahvuslipule auandmisest.

Kolmandaks peaksite te olema ettevaatlikud „mormoonidega," Jeesuse Kristuse Viimase päeva pühakute koguduse poolehoidjatega. 1830. aastal Ameerika Ühendriikides Joseph Smithi asutatud mormoonid on üks peamisi lahkusu sekte koos Jehoova tunnistajate ja Kristliku teaduse sektiga. Nad õpetavad Mormooni raamatut ja ütlevad, et Jeesus ei ole meie Päästja, nad salgavad pärispattu ja Kolmainsust. Nad on polüteismi laadsed.

Neljandaks tuleks olla ettevaatlik „Korea Jeesuse evangeeliumi kuulutamise äratusliiduga." Seda kutsuti alguses „Evangeeliumi kuulutamise liiduks", kuid 1980. aastal kutsuti seda teistmoodi „Taevase Isa koguduseks." Selle asutaja Taesun Park on juba surnud. Ta kutsus end nimedega „Õige mees idast" või „Oliivipuu," jutlustas teist jumalat, kes erines kristluse Jumalast ja kuulutas, et ta oli oma jumala saadetud päästja. Neil on oma pühakiri „Saladuse põhimõte", kus väidetakse, et pääsemine ei tule kristlusest, vaid üksnes temast, Oliivipuust. See on kristlusest eraldatud ja on rajanud evangeeliumi kuulutamise liidu paljudes Korea linnades. Lisaks on see juhtinud mõningaid ettevõtteid nagu Sinang-Chon ja Zion.

Sel moel on tänapäeval üllatuseks nii palju lahkusulisi. Need on inimesed, kes on Jumala Sõna vääriti kasutamisega Jeesuse Kristuse vastu; inimesed, kes eitavad taevariiki; inimesed, kes väidavad, et nad on ise Jeesus Kristus ja salgavad risti sõnumit, Kolmainsust ja Püha Vaimu tööd; paljud valeprohvetid ja paljud teised.

Jeesus ütleb meile: *„Hea inimene võtab heast varamust head ja kuri inimene võtab kurjast varamust kurja. Aga ma ütlen teile, et inimesed peavad kohtupäeval aru andma igast tühjast sõnast, mis nad on rääkinud, sest su sõnadest mõistetakse sind õigeks ja su sõnadest mõistetakse sind süüdi"* (Matteuse 12:35-37).

Heal inimesel on hea süda ja ta ei suuda kaasinimestele kurja ja kahju teha, hoolimata sellest kas see tegu on talle kasulik või mitte.

Aga kuri inimene ei suuda tõest rõõmu tunda. Ta kasutab igasugust kurja, et teisi kadedusest ja armukadedusest komistama panna. Isegi kui tema jutt näib õige ja õiglane, ei saa teda heaks inimeseks pidada kui ta kavatseb teistest halba rääkida või üht inimest teisest eemale tõrjuda.

Seetõttu tuleb alati palvetada ja olla valvel, et teid ei petetaks. Te peate suutma eristada, kas vaimud on tõesed või mitte ja ei tohiks kunagi teiste üle kohut mõista. Sellele lisaks peaksite te püsima usus Kolmainsusse - Isasse, Poega ja Vaimu, uskuma kogu Piiblit, sellele kuuletuma ja selle alusel elama.

„Tule, Isand Jeesus!"

Autor
Dr. Jaerock Lee

Dr Jaerock Lee sündis 1943. aastal Muanis, Jeonnami provintsis, Korea Vabariigis. Kahekümnesena oli Dr Lee mitmete ravimatute haiguste tõttu seitse aastat haige ja ootas surma ilma paranemislootuseta. Kuid õde viis ta ühel 1974. aasta kevadpäeval kogudusse ja kui ta põlvitas, et palvetada, tervendas elav Jumal ta kohe kõigist haigustest.

Hetkest kui Dr Lee kohtus selle imelise kogemuse kaudu elava Jumalaga, on ta Jumalat kogu südamest siiralt armastanud ja Jumal kutsus ta 1978. aastal end teenima. Ta palvetas tuliselt, et ta võiks Jumala tahet selgelt mõista ja seda täielikult teha ning kuuletuda kogu Jumala Sõnale. 1982. aastal asutas ta Manmini koguduse Seoulis, Lõuna-Koreas ja tema koguduses on aset leidnud arvukad Jumala teod, kaasa arvatud imepärased tervenemised ja imed.

1986. aastal ordineeriti Dr Lee Korea Jeesuse Sungkyuli koguduse aastaassambleel pastoriks ja neli aastat hiljem – 1990. aastal, hakati tema jutlusi edastama Austraalia, Venemaa, Filipiinide ülekannetes ja paljudes muudes kohtades Kaug-Ida ringhäälingukompanii, Aasia ringhäälingujaama ja Washingtoni kristliku raadiosüsteemi vahendusel.

Kolm aastat hiljem, 1993. aastal, valis *Christian World (Kristliku maailma)* ajakiri (USA) Manmini Keskkoguduse üheks „Maailma 50 tähtsamast kogudusest" ja Christian Faith College *(Kristlik Usukolledž)*, Floridas, USA-s andis talle Teoloogia audoktori tiitli ja 1996. aastal sai ta Ph.D. teenistusalase kraadi Kingsway Teoloogiaseminarist Iowas, USA-s.

1993. aastast alates on Dr Lee juhtinud maailma misjonitööd, viies läbi palju välismaiseid krusaade Tansaanias, Argentinas, L.A.-s, Baltimore City's, Havail ja New York City's USA-s, Ugandas, Jaapanis, Pakistanis, Kenyas, Filipiinidel, Hondurasel, Indias, Venemaal, Saksamaal, Peruus, Kongo Rahvavabariigis, Iisraelis ja Eestis.

2002. aastal kutsuti teda Korea peamistes kristlikes ajalehtedes tema väelise teenistuse tõttu erinevatel väliskoosolekusarjadel „ülemaailmseks äratusjutlustajaks." Ta kuulutas julgelt, et Jeesus Kristus on Messias ja Päästja eriti „New Yorki 2006.

aasta koosolekusarja" käigus, mis toimus maailma kuulsaimal laval Madison Square Gardenis ja mida edastati 220 riiki ja Jeruusalemma rahvusvahelises koosolekukeskuses toimunud „2009. aasta Iisraeli ühendkoosolekute sarja" käigus.

Tema jutlusi edastatakse 176 riiki satelliitide kaudu, kaasa arvatud GCN TV ja ta kuulus Venemaa populaarse kristliku ajakirja In Victory *(Võidukas)* ja uudisteagentuuri Christian Telegraph *(Kristlik Telegraaf)* sõnul 2009. ja 2010. aastal oma vägeva teleedastusteenistuse ja välismaiste koguduste pastoriks olemise tõttu kümne kõige mõjukama kristliku juhi sekka.

2019. aasta veebruaris alates koosneb Manmini Keskkogudus rohkem kui 130 000 liikmest. Kogudusel on 11000 sisemaist ja välismaist harukogudust, mille hulka kuuluvad 56 kodumaist harukogudust ja praeguseni on sealt välja lähetatud rohkem kui 99 misjonäri 27 maale, kaasa arvatud Ameerika Ühendriigid, Venemaa, Saksamaa, Kanada, Jaapan, Hiina, Prantsusmaa, India, Kenya ja paljud muud maad.

Tänaseni on Dr Lee kirjutanud 115 raamatut, kaasa arvatud bestsellerid *Tasting Eternal Life before Death (Maitsedes igavest elu enne surma)*, *My Life My Faith I & II (Minu elu, minu usk I ja II osa)*, *The Message of the Cross (Risti sõnum)*, *The Measure of Faith (Usu mõõt)*, *Heaven I & II (Taevas I ja II osa)*, *Hell (Põrgu)* ja *The Power of God (Jumala vägi)* ja tema teosed on tõlgitud enam kui 75 keelde.

Tema kristlikud veerud ilmuvad väljaannetes *The Hankook Ilbo*, *The JoongAng Daily*, *The Chosun Ilbo*, *The Dong-A Ilbo*, *The Hankyoreh Shinmun*, *The Seoul Shinmun*, *The Kyunghyang Shinmun*, *The Korea Economic Daily*, *The Shisa News* ja *The Christian Press*.

Dr Lee on praegu mitme misjoniorganisatsiooni ja-ühingu asutaja ja president, kaasa arvatud The United Holiness Church of Korea *(Korea Ühendatud Pühaduse Koguduse)* esimees; The World Christianity Revival Mission Association *(Ülemaailmse Kristliku Äratusmisjoni Liidu)* asutaja; Global Christian Network (GCN) *(Ülemaailmse Kristliku Võrgu CGN)* asutaja ja juhatuse esimees; The World Christian Doctors Network (WCDN) *(Ülemaailmse Kristlike Arstide Võrgu WCDN)* asutaja ja juhatuse esimees; Manmin International Seminary (MIS) *(Manmini Rahvusvahelise Seminari MIS)* asutaja ja juhatuse esimees.

Taevas I

Üksikasjalik nägemus imepärasest keskkonnast, mida taevased elanikud naudivad ja kaunis kirjeldus Taevase Kuningriigi erinevatest tasanditest

Taevas II

Üksikasjalik nägemus imepärasest keskkonnast, mida taevased elanikud naudivad ja kaunis kirjeldus Taevase Kuningriigi erinevatest tasanditest

Minu elu ja mu usk I

Dr. Jaerock Lee's autobiograafiline raamat pakub lugejatele kõige hurmavamat vaimulikku elamust, viies lugeja läbi tema elust, mida Jumal igal sammul nii lõhnava armastuse kui tumedate lainete, raske ikke ja sügavaima meeleheitega vürtsitanud on.

Minu elu ja mu usk II

Dr. Jaerock Lee's autobiograafiline raamat pakub lugejatele kõige hurmavamat vaimulikku elamust, viies lugeja läbi tema elust, mida Jumal igal sammul nii lõhnava armastuse kui tumedate lainete, raske ikke ja sügavaima meeleheitega vürtsitanud on.

Põrgu

Tõsine sõnum kogu inimkonnale Jumalalt, kes soovib, et ükski hing ei sattuks põrgusügavustesse! Te leiate mitte kunagi varem ilmutatud ülevaate surmavalla ja põrgu julmast tegelikkusest.

www.ingramcontent.com/pod-product-compliance
Lightning Source LLC
Chambersburg PA
CBHW030410130626
46549CB00004B/1710